L'Oracle des Dragons Protecteurs

MANUEL DE MAGIE

LUCY CAVENDISH

Deuxième édition

EDITIONS
EXERGUE

27, rue des Grands Augustins
75006 - Paris

L'ORACLE DES DRAGONS PROTECTEURS

Titre original : *Oracle of the Dragonfae*

Traduit de l'anglais par Catherine Vaudrey

ISBN : 978-2-3618-8104-7

www.editions-tredaniel.com
info@guytredaniel.fr
www.facebook.com/editions.tredaniel
Imprimé en Chine

Dédicace

À vous. Pour avoir le courage de croire.

Remerciements

Durant les années suivant la première publication de l'*Oracle des Dragons Protecteurs* par Blue Angel Gallery, nombre de personnes m'ont fait part de témoignages émouvants concernant leurs contacts avec ces êtres. On m'a raconté des histoires que j'aurais eu peine à croire, si je n'en avais moi-même eu souvent la preuve. Il est clair qu'utiliser cet *Oracle* a littéralement changé - et parfois sauvé - la vie de certaines personnes. Leurs rapports avec les Dragons leur ont apporté force, espoir et clarté ; les dragons leur ont procuré les sages conseils qu'elles recherchaient depuis si longtemps. Que l'*Oracle des Dragons Protecteurs* puisse toucher et servir tant de gens est à attribuer en grande partie à tous ceux qui ont joué un rôle dans sa création, les artistes, les *designers*, l'éditeur Toni Carmine Salerno, ainsi que les libraires et les lecteurs. Cette œuvre est le fruit d'une collaboration à tous les stades entre les Dragons, des personnes pleines de talent et moi-même. Je leur suis très reconnaissante à tous.

L'essentiel de ma gratitude va aux Dragons, qui me rendent visite depuis si longtemps, dans les moments où j'en ai le plus besoin. Leur courage, leur amour et leur honnêteté m'ont grandement aidée, comme tant d'autres. Puissent-ils vous aider aussi, puissiez-vous ressentir leur amour et témoigner de leur pouvoir, à l'aube de cette nouvelle incarnation, et, ce faisant, exprimer les vôtres plus pleinement et courageusement que jamais.

Lucy Cavendish, hiver 2012

Table des matières

Introduction 7

INTERPRÉTATION DES CARTES

1. Mélusine 24
2. Lady Grian 27
3. Les Amoureux 30
4. Apalala 33
5. Lady Titania 36
6. Grand-mère Magie 39
7. Le Veilleur du Temps 42
8. Nimoué 45
9. La Fée Morgane 48
10. La Reine Oonagh 51
11. La Reine Mab 54
12. Aine et le Protecteur 57
13. Lady Alfreda 60
14. La Dame Verte d'Y Ddraig Goch 63
15. La Déesse Dragonne Tiamet 66
16. Gwynne et Ellouish 70
17. La Fée de la Nouvelle Lune 73
18. Tatsouya 77
19. La Chasseresse 80
20. Le Pendragon 84
21. Celle-qui-écoute 88
22. La Morrighan 91

23. Les Amants à la fête 94
24. Andelle 97
25. La Dame des Nouveaux bourgeons 100
26. Pellinor et la Dame 103
27. Chengang 106
28. Drystan 110
29. Brigid 113
30. L'Aînée 116
31. La Gardienne de l'Aube 119
32. La magie de Lady Luna 122
33. La Porte d'Hideki 125
34. Oroki 128
35. Choumara 131
36. Wu-Wang 134
37. Le Dragon de Gaïa 137
38. La Souveraine 140
39. La Dame en Bleu 143
40. Les Tuteurs 146
41. Les Dragons de la Renaissance 149
42. L'Attrapeuse de Rêves 152
43. Fernia 155

À propos de l'auteur 159
À propos des artistes 160

Introduction

Ce manuel de magie vous présente les mystères et les enseignements des Dragons. Il comprend des instructions détaillées sur la manière d'utiliser les énergies dragonnesques, et trois tirages faciles à réaliser qui vous fourniront des informations d'une clarté et d'un pouvoir extraordinaires.

Dans un passé pas si lointain, nous étions des dieux et des déesses... Nous vivions dans des mondes dimensionnels... Éden, Avalon, Ys, Atlantide et Mu... Nous étions Morgane, Guenièvre, Merlin... Nous étions pleinement vivants et tout à fait magiques.

Nous aimions, vivions et travaillions avec tous les êtres élémentaires... Mais quand la peur et les fausses croyances ont séparé le temps et les dimensions, nous avons été arrachés à nos parents les plus forts et les plus protecteurs... les Dragons.

À présent, ils reviennent...
pour nous aider à guérir et à sauver cette planète sacrée...

Ce jeu est un portail dimensionnel qui leur permet de délivrer de puissants messages d'amour, de guérison et de protection à la nouvelle génération d'êtres magiques...

Sentez leur amour, prenez conscience de votre pouvoir...

Bienvenue dans un monde depuis trop longtemps dissimulé aux yeux de tous, sauf des chercheurs et des mystiques les plus courageux. À travers ces pages et ces cartes magiques, vous ferez connaissance du monde sans limites des Dragons. Un monde que vous verrez de vos yeux, ressentirez dans votre cœur, qui vous protégera et vous apportera des enseignements et des messages.

Une vérité depuis longtemps oubliée, c'est que les Dragons sont nos parents de sang et d'âme, nos amis, nos gardiens et nos alliés. En entrant en contact avec eux, il nous est possible de retrouver une partie de nous-mêmes et de profiter pleinement de la vie sur cette magnifique planète bleue, que d'aucuns nomment Gaïa, Dana, ou d'autres noms encore. Depuis longtemps, les Dragons travaillent, avec ou sans nous, à guérir les forêts, les cours d'eau, la terre et l'air de cette planète, ainsi que tous ses habitants, humains ou non. À présent, ils refont surface pour nous assister dans la prochaine étape de notre renaissance et de celle de Gaïa, la planète aux 10 000 noms.

COMMENT SE SERVIR DE L'ORACLE DES DRAGONS

Mélanger et distribuer

Avant de tirer les cartes, consacrez ce jeu. Bénir ou sacraliser les cartes signifie mêler étroitement votre intention à l'énergie des Dragons, ouvrir un portail énergétique entre leur royaume et le nôtre… Dans cet espace, chaque fois que vous vous adresserez à l'Oracle, vous recevrez initiation et récompenses.

Pour bénir votre jeu, il vous suffit de tenir les cartes contre votre cœur, votre tête ou vos lèvres. Prenez une profonde inspiration, puis expirez en baignant les cartes de votre énergie. Inspirez de nouveau, et prenez conscience en retour de l'énergie du jeu. Relâchez votre souffle, et sachez que votre jeu « respire » à présent au même rythme que vous.

Vous voudrez peut-être débuter un journal de votre parcours avec l'Oracle, un livre d'ombre et de lumière, dans lequel vous énoncerez vos intentions concernant le travail avec les Dragons. C'est un geste très simple et cependant très puissant. Une déclaration d'intention (les raisons pour lesquelles vous avez choisi de travailler avec les Dragons) est un acte positif et magique qui irradie de pouvoir.

Avant de consulter l'Oracle, en particulier si vous voulez vous en servir fréquemment, purifiez et clarifiez l'espace. Dans ce cas, placez une bougie blanche dans un cercle de sel. C'est une des méthodes les plus simples et les plus pures pour nettoyer l'espace énergétique.

Méthodologie de lecture

Il y a de nombreuses manières de consulter l'Oracle, mais il existe des règles fondamentales, parmi lesquelles le mélange des cartes. Certaines personnes les battent de manière traditionnelle, d'autres les « remuent » devant elles, sur la table, et d'autres encore les disposent en éventail pour les choisir au hasard. Certains les remuent de la main gauche (la main la plus souvent associée au féminin et donc à l'intuition), et les sélectionnent de la main droite (la main la plus souvent associée au masculin et donc à l'action). Choisissez la manière qui vous convient le mieux…

Si vous consultez l'Oracle pour quelqu'un d'autre, c'est à vous de décider si cette personne (que nous nommerons le Chercheur) doit manipuler les cartes. Personnellement je l'autorise, car cela permet à l'énergie de cette personne de s'intégrer au jeu, et laisse par conséquent moins de place aux peurs et aux doutes de l'esprit rationnel… Si vous choisissez d'opérer ainsi, il vous faudra régulièrement purifier votre jeu afin de le faire respirer en rythme avec vous…

Voici trois façons de consulter l'Oracle. Chaque méthode possède son énergie et occupe une durée différente de temps linéaire.

Le Triple Oracle

Il s'agit d'un tirage simple et clair, destiné à voir ce qui gît derrière le Chercheur, et à l'intérieur et au-delà de lui. L'Oracle révèle ce qui pose problème, les racines et les causes de la situation, l'action correcte à accomplir dans le présent, et le résultat probable dans l'avenir.

Prenez votre Oracle et mélangez-le. Quand vous sentez qu'il est prêt, sélectionnez trois cartes.

Posez-en une à gauche, une au centre et une à droite.

La carte de gauche représente le passé, la carte du centre le présent, et la carte de droite l'avenir...

La question du Chercheur

Si vous vous sentez perdu, si vous voulez savoir quelle sera la prochaine étape de votre parcours et ce que vous devrez accomplir, tirez une seule carte et voyez quel Dragon vient vous parler.

On peut le faire chaque jour, car c'est une manière de communier avec les énergies quotidiennes...

Le parcours du Chercheur

Ce tirage en forme de cercle - soit le début, la fin et tout ce qui gît entre eux - reflète le cycle de l'existence. On peut le combiner avec la Roue de l'année et la Roue de médecine afin d'obtenir des précisions sur les repères temporels.

Première carte : Le moment présent
Deuxième carte : Ce qui doit être dépassé
Troisième carte : Luttes et obstacles
Quatrième carte : Lâcher-prise
Cinquième carte : Votre leçon
Sixième carte : Vos proches
Septième carte : Vos ressources
Huitième carte : La Terre-Mère souhaite que vous...
Neuvième carte : Continuation
Dixième carte : Résultat
Onzième Carte : La carte de la destinée... Le pourquoi et le comment de la situation.

Disposez les cartes en cercle en commençant par le bas, au centre, et en tournant dans le sens des aiguilles d'une montre. Si vous le désirez, vous pouvez diviser le cercle sacré en directions et en significations associées à la Roue de médecine ou à la Roue de l'année, puis accorder le cadre temporel en conséquence. Vous pouvez aussi disposer le jeu à rebours afin de regarder dans votre passé ou dans celui de quelqu'un d'autre...

Ne vous limitez pas à ces tirages, aussi riches soient-ils... De nombreuses façons de tirer les cartes sont tout aussi éclairantes. Cela vaut la peine d'expérimenter et de développer vos propres méthodes. Les Dragons vous y aideront !

Être un Chercheur

Vous avez des questions à poser à l'Oracle des Dragons ? Vous êtes par conséquent semblable aux anciens Chercheurs... Dans des temps révolus, ceux qui cherchaient des réponses aux questions éternelles se rendaient dans les sites sacrés d'Atlantide, d'Avalon, de Mu, de Delphes, de Troie, d'Ys, de Babylone, d'Égypte et de Lémurie, et consultaient les Oracles des Dragons, pour qu'ils les guident et les instruisent. Une fois éclairés, ils pouvaient alors agir avec sagesse.

Des grottes du pays de Galles jusqu'à l'oracle de Delphes, des Titans à l'énergie de Tiamet éparpillée dans le cosmos, les oracles des Dragons se sont montrés omniscients... Leur retour annonce une forte résurgence de leur sagesse et de leur énergie, après des millénaires d'interactions subtiles et fugaces, pareilles à de faibles battements de cœur, qui gagnent en puissance jusqu'à ressembler à votre propre pouls.

La vérité sur les Dragons

Les Dragons, de même que les êtres humains et leurs ancêtres magiques, sont les protecteurs sacrés de la planète et de ses habitants naturels et magiques. Le sang des Dragons possède une sensibilité spéciale et un pouvoir de guérison qui rendent leur vie héroïque, tout comme la vôtre.

La mission première des Dragons est d'être des Protecteurs. Ils protègent les êtres importants d'une manière ou d'une autre pour Gaïa. Leur rôle de protecteurs est sacré, mais jusqu'à récemment, il n'était ni toléré ni même compris.

Nous décrire comme des êtres humains n'est que partiellement exact. Être humain signifie avoir évolué en tant que partie de cette planète, tout comme des myriades d'autres êtres. Mais nombreux sont ceux d'entre nous en qui repose l'âme des Dragons de Tuatha De Danaan et de Tylweth Teg, les Dragons d'Irlande et du pays de Galles. Les Dragons et de les humains se sont unis, aussi nombre de ceux qui se désignent comme « humains » perpétuent-ils la lignée des Dragons. D'autres sont de nature galactique, car les origines de leur lignée vont au-delà de ce système (les enfants des Dragons viennent de Tiamet, par exemple). Nous venons à la fois des étoiles et de la Terre, et c'est cette compréhension que les Dragons peuvent nous apporter. Des êtres comme la glorieuse Aine, la bienveillante Brigid et la merveilleuse Mélusine sont à la fois la terre, la mer et les lointaines galaxies. Nous sommes aussi tout cela, et bien davantage.

En tirant les cartes ou en méditant, ou tout simplement en communiant avec l'énergie de l'Oracle des Dragons, on peut obtenir une masse d'informations sur tout cela. Les Dragons apparaissent dans des rêves, des visions, et murmurent à l'âme. Le monde actuel est dans un état de changement permanent : ce qui convient un instant ne correspond pas à l'instant suivant. Les Dragons permettent de trouver sa voie dans ce monde énergétique changeant, de prendre son envol, de mettre les choses en perspective. Et de prendre les meilleures décisions dans toutes les directions du temps et de l'espace, comme le dit Apalala, le Dragon de la Paix.

Mythes des Dragons

Les sages Dragons et leurs nombreux parents (Centaures, Dryades, Nymphes, Licornes et Humains !) sont malheureusement affligés d'une image négative depuis deux millénaires. La peur et les superstitions concernant leur véritable nature se sont répandues. Le faux récit de saint Georges et du Dragon a été répété si souvent qu'on l'a tenu pour vrai, quand il s'agit en fait d'une légende déformée qui nous a conduits à craindre plus encore ces magnifiques créatures. La peur a séparé les êtres humains des Dragons, en semant la haine, la défiance et le jugement.

Les grands Dragons sont descendus dans les profondeurs pour échapper à ceux qui leur voulaient du mal, et ont tranquillement continué à exercer une magie subtile mais très puissante, afin d'assister Gaïa dans sa deuxième naissance à l'âge des Nouveaux Êtres… La transition dans laquelle celle-ci se trouve actuellement est appelée, chez les Dragons, l'Accélération.

Les Dragons sont nombreux et tous différents : nous ne connaissons qu'une petite partie de ceux qui commencent à ressurgir. On dit que d'autres les ont rejoints depuis 2012. Ces immenses et magnifiques créatures, aux ailes constellées de pierres précieuses, parlent sans bruit. Cela vaut la peine de converser avec les Dragons, car ils sont vieux de plusieurs millénaires et ont beaucoup souffert d'incompréhension. Ils arrivent, en général, quand on se sent incompris et écarté. Ils aident à reprendre contact avec la vraie sagesse et avec la liberté, à dépasser les choses et à s'engager dans une vie de vérité et d'authenticité. Une vie à moitié vécue peut sembler séduisante, avec sa sécurité somnambulique, mais c'est une illusion. Les Dragons aident également à créer de la richesse sur les plans solaire et matériel. En tant que gardiens de la prospérité des familles en Orient, ils sont depuis longtemps révérés et remarqués pour leurs excellentes manières !

De nouveaux Dragons naissent en ce moment même. Ces bébés Dragons sont un signe d'espoir, car le nombre des naissances avait ralenti. À présent que le monde occidental commence à prendre au sérieux la santé de la planète bleue et à accepter son rôle d'enfant de la Terre, les Dragons renaissent.

Communiquer avec les Dragons

Les Dragons communiquent de manière très subtile ; ils sont hautement télépathes et peuvent vous parler quelle que soit votre langue (la langue des Dragons est stupéfiante, phonétiquement similaire aux murmures de la brise et aux sons de la nature). Travailler avec les Dragons est un honneur et une grande responsabilité. Ils sont gentils, et ô combien puissants.

Nombre de ceux qui entrent en contact avec les Dragons expriment dès le début un sentiment de bonheur, de douceur, de protection et de sécurité. Ils se sentent aussi tiraillés dans tous les sens, et commencent à repousser leurs limites, tant sur le plan magique que sur le plan personnel. Les gens qui aiment les Dragons ressentent de l'horreur et de la tristesse devant la description qu'on fait d'eux, aujourd'hui encore. Ces représentations, surtout celles de dragons transpercés, sont perverses, blessantes et attristantes - le résultat d'une propagande qui nous a tous appauvris.

Les lignées de Dragons

Les Dragons étant des métamorphes, ils sont nombreux sur la planète. Certains d'entre nous sont des Dragons incarnés. Les symptômes d'un Dragon incarné (c'est-à-dire le fait d'avoir vécu une vie précédente en tant que Dragon) comprennent le sentiment de pouvoir voler, la tendance à emmagasiner d'énormes quantités d'énergie et de connaissance, une grande tristesse et une grande détresse devant les maux dont souffre la Terre, parfois la sensation d'avoir une armure (des écailles) pour se protéger et s'abriter du monde. Avoir du sang de Dragon est un peu différent. Je crois que nombre d'êtres humains en possèdent, et qu'il s'éveille à présent en eux.

Pourquoi entrer en contact avec les Dragons ?

On peut ressentir les Dragons à travers tous les chakras et le corps énergétique mais, le plus souvent, c'est à travers le chakra du cœur et celui du plexus solaire, le centre du pouvoir et de l'être, le Soleil intérieur, que cela se produit. Je me sens personnellement très privilégiée d'être entrée en contact avec les Dragons et il est clair pour moi qu'ils sont venus allumer un feu dans mon ventre. Ils possèdent une énergie très bienfaisante et très tolérante, mais chaque individu est différent. Le Veilleur du temps, par exemple, a une énergie très différente de Celle-qui-écoute. Traitez-les comme des individus : ils ont tous quelque chose à vous enseigner, et sont également avides d'en apprendre davantage sur vous.

Guérir avec les Dragons

Les Dragons sont de merveilleux guérisseurs. Leur longue expérience et leurs compétences peuvent être très utiles. J'ai entendu parler (et j'ai moi-même fait l'expérience) de profondes guérisons grâce à eux. Ils peuvent, par exemple, réparer le tissu corporel. Il y a quelque temps, une amie très chère a été hospitalisée pour un cancer du sein... Avant qu'elle entre à l'hôpital, j'ai évoqué une vision d'elle, entourée de Brigid et de son avatar Dragon. Cette Dragonne opère avec son épée et retire les tissus devenus inutiles. Les médecins ont été stupéfaits de constater que le cancer de mon amie avait complètement disparu... Une guérison miraculeuse grâce aux Dragons ? Tout ce que je sais, c'est que nous avons invoqué Brigid des Dragons et qu'elle a fait son travail.

Les Dragons qui véhiculent une grande quantité de lumière dorée appartiennent à la Terre-Mère, et expriment son énergie de guérison. Ils sont doux, puissants, bienveillants et très généreux. Cette énergie dorée peut être utilisée pour guérir les infections et hâter la cicatrisation. Elle est puissamment liée à l'énergie de la planète, qui apporte de formidables résultats sur le plan physique. Elle est particulièrement bienfaisante pour les gens qui manquent d'enracinement et se sentent coupés de la planète.

Les Dragons purifient le corps énergétique, l'aura, les systèmes nerveux et lymphatique des énergies négatives. L'énergie verte des Dragons purifie les poumons et les autres organes. Elle facilite la respiration et le bon fonctionnement des organes.

L'énergie bleue apporte la clarté, l'énergie rose, l'amour inconditionnel, et la blanche, la purification... Avec le temps, ceux qui travaillent avec les Dragons peuvent faire infuser l'énergie dorée, verte, et de toutes nuances, dans des essences, des cristaux et d'autres réceptacles.

Quand doit-on invoquer les Dragons ?

À tout moment, car il n'y a rien qu'ils ne puissent faire pour vous. Toutefois, il est sage de leur retourner leur bonne volonté... Entretenez de bonnes relations avec eux et faites-leur des offrandes. Vous leur ferez plaisir en nettoyant une partie de votre rue, par exemple, en recyclant, en mangeant sainement, et en évitant d'utiliser des pesticides... Ces gestes sont des offrandes sacrées qui renforceront votre relation avec eux. Acquérir des cristaux, extraits de manière éthique, et les leur dédier est également une merveilleuse manière d'entretenir le contact avec les Dragons. De même que suivre des séminaires et profiter de toutes les occasions pour exprimer une conscience terrestre et galactique.

Vous découvrirez peut-être que votre Dragon-Gardien vous rend visite en rêve. C'est un merveilleux protecteur, auquel faire appel quand vous vous trouvez dans une situation ardue qui vous dépouille de votre énergie et de votre personnalité… Par exemple, sur un lieu de travail, où l'âme se dessèche et où les gens sont traités sans respect.

Les Dragons peuvent vous révéler une grande quantité d'informations sur vos vies passées, présentes et futures, ainsi que leurs significations. Ils vous dévoileront les forces et les joies de ces vies dimensionnelles afin de vous aguerrir et de vous faire exulter à l'idée d'être en vie !

Signes que les Dragons vous accompagnent

On peut ressentir les Dragons avec son corps. Vous pouvez même les ressentir en vous, comme s'ils avaient pris résidence dans votre corps, vous donnant l'impression que vous portez un bébé ! Étrangement, on peut aussi s'installer en eux pour quelque temps. Les Dragons vous étreignent et vous pouvez les chevaucher. Ils voyagent avec vous. Ils peuvent s'enrouler autour de vous, ou même vous « avaler », quand vous êtes sérieusement blessé et que vous avez besoin d'attention et de convalescence. Ils vous gardent pour vous guérir et vous aider à renaître à votre monde.

Les Dragons apportent une grande clarté et une profonde compréhension à toute chose… Ils ont tendance à apparaître pour rappeler qui on est, pour activer des aspects oubliés de soi. Les Dragons ont sauvegardé les mystères de la Terre. À présent que l'énergie terrestre se modifie comme jamais, ils nous rappellent des vérités supérieures concernant la Terre. Les Dragons nous aident à entrer en contact avec la connaissance intérieure. Ils sont heureux d'être vus, entendus et ressentis, car ils ont un grand savoir mystique à partager. Ce sont nos parents, une part de nous-mêmes. En entrant en contact avec les Dragons, on retrouve son âme, et c'est très bénéfique.

Les Dragons nous rendent des pouvoirs depuis longtemps oubliés : la télépathie, la télékinésie, la certitude que tous les êtres vivants ne font qu'un.

Note : on peut voir physiquement les Dragons grâce à l'énergie qu'ils irradient et avec laquelle on entre en résonance. Si on pouvait voir son aura tout le temps, on remarquerait à sa qualité et à sa santé que certaines expériences et personnes, certains événements et lieux, peuvent se manifester dans la vie. C'est un peu différent de la Loi d'Attraction, ou, comme je préfère l'appeler, l'ancienne Loi du triple retour. La Loi de création se fonde sur le flux créatif et énergétique. Les Dragons se manifestent ouvertement quand on est énergétiquement prêt à travailler avec eux. Ils n'apparaissent peut-être pas comme des corps solides, mais on peut ressentir leur présence, les voir, les attirer, et faire leur connaissance avec l'œil de l'esprit.

L'histoire du Dragon de Lucy

J'ai rencontré des Dragons pour la première fois quand j'étais toute petite. Puis leurs visites se sont espacées, à mesure que j'entrais dans le « monde réel », avec ses bureaux et ses blocs de pierre destinés à emprisonner les nouveaux esclaves. On se dit qu'on devrait être heureux de sa paie régulière, mais on est séparé de la terre et du ciel, de tout ce qui est naturel.

Un jour, en entrant dans la tour où je faisais office de captive volontaire, j'ai remarqué un petit être blanc voletant autour de moi. Certes, je vois souvent des êtres, mais celui-ci était différent. Je me suis arrêtée et j'ai tendu la main. Était-ce un genre de papillon ou une grosse libellule blanche ? Dans mes mains, longue d'environ vingt centimètres, dotée d'une ossature délicate, d'ailes blanches et d'une texture semblable à du velours, se trouvait Cecilia, avec son doux visage et ses grands yeux violets.

C'était, l'ai-je compris plus tard, mon Dragon personnel, comme je suis son être humain. Ce n'était pas la bête des contes, mais un mélange délicat de feu et d'air. Elle était là pour me protéger et pour travailler à me libérer de cette tour de pierre.

Elle est restée avec moi depuis ce moment.

Traitez toujours les Dragons avec respect et ils feront de même. Ils sont sociables et joyeux, mais un peu formels et désuets dans leur approche. N'oubliez pas que rechercher leur présence uniquement pour votre propre bénéfice (un gain matériel, par exemple) n'est pas recommandé, car la leçon karmique pourrait ne pas être agréable. Je vous conseille vivement de travailler avec eux pour obtenir connaissance et enseignement, et pour devenir vous-même !

Signes de la présence des Dragons

Une lumière dorée, une lumière verte, de la chaleur, un courant d'air sur le visage, des larmes inattendues, un cadeau de cristal, des papillons, des coccinelles, des champignons ou des fleurs poussant en cercle, un cercle de pierres, des libellules, des pierres empilées, des pierres précieuses sur le chemin, des images de dragons et de fées autour de soi... Le sentiment d'être entouré et protégé par leurs ailes immenses.

Une note humoristique

Il existe bien des manières de ressentir l'énergie des Dragons. Toutes les communications ne sont pas profondes et sérieuses ! Certains Dragons ont beaucoup d'espièglerie ! Ils apportent de la joie et du rire à des situations excessivement graves et sérieuses (supervisées par les gnomes, qui sont des élémentaires très sérieux… un peu les banquiers de la Terre). Les Dragons aiment renifler les gens et leur souffler de l'air froid dans les cheveux et, en général, ils respirent bruyamment, ce qui rend la concentration difficile. Vous savez qu'ils sont dans les parages quand vous avez envie de rire des situations les plus tendues. Ce sont de merveilleux compagnons, et ils aiment passer du temps avec les enfants. Si vous êtes stressé et préoccupé, si votre lieu de travail et vos collègues déclenchent en vous des pensées compulsives récurrentes, un de ces Dragons vous aidera à oublier vos ennuis. Cela changera votre énergie, et vos problèmes de travail ou de famille s'évanouiront durant la nuit !

Travailler avec les Dragons est aussi simple que de les appeler. Demandez-leur de vous aider. Ils voleront vers vous et vous feront don de leur force, de leur protection et de leur bienveillance.

Interprétation des cartes

1. Mélusine

Aimez-vous

Mélusine vous parle :

« Les clés sont rares au royaume de l'esprit, mais je vous en fournis une qui ouvrira la porte de ce que vous êtes réellement. Le sentiment de votre propre valeur et votre estime personnelle sont verrouillés depuis des années, mais ils vont se révéler et guérir pour toujours. Vous ne croyez pas convenable de montrer aux autres une part de vous, surtout dans les relations romantiques. Cependant, cette part reniée provoque de la douleur et de la culpabilité au sein de relations qui n'en ont pas besoin. Vous méritez d'être aimé pour ce que vous êtes, pour vos épines et vos griffes, vos rides et vos chagrins, votre irritabilité et votre tristesse. Moi, Mélusine, je ne vous dis pas de cultiver ces aspects de vous-même, mais de comprendre que ce que vous considérez comme inacceptable est, en fait, la preuve de votre beauté. La véritable beauté est l'intégrité. Dévoilez-vous et révélez-vous, sans méfiance et sans rejet de vous-même. Embrassez vos cicatrices et vos défauts, et voyez-les comme de merveilleuses différences qui ne peuvent que vous rendre unique et très réel. Ouvrez votre cœur, déverrouillezen la porte, et entrez dans la chambre enchantée où vous vous êtes caché. Aimez tout de vous, votre corps et votre âme, votre esprit, vos ancêtres, vos expériences et vos défis. Vous êtes parfait, entier et complet, doté d'un corps et d'une âme individuels. Je vous aiderai à vous aimer avec plus de vérité et de profondeur que jamais auparavant. Prenez cette clé et libérez votre moi secret. Laissez-lui voir la lumière du jour, et sachez que, ce faisant, vous serez plus en sécurité que dans n'importe laquelle de vos innombrables vies. »

À propos de Mélusine

Mélusine est une femme, une fée et une Dragonne. Elle a appris à s'aimer et à se montrer. Elle possède une merveilleuse énergie pour tous ceux qui se cachent dans le placard magique par peur des insultes et de la discrimination. Elle veut embrasser votre véritable lignée et profiter de sa sagesse. Qu'importe si on vous a conseillé de l'oublier !

Mélusine est la fille d'une Dragonne nommée Pressyne, unc Dame de la forêt. Après avoir épousé le roi d'Alban (Écosse), Pressyne a donné le jour à des triplées qui ont été élevées à Avalon, tant elles étaient différentes. Lors de son quinzième anniversaire, Mélusine a demandé pourquoi ses sœurs et elle vivaient à Avalon plutôt qu'à la cour de leur père. Quand elle a compris que son père avait désavoué ses filles parce qu'elles venaient d'une lignée de Dragons, elle s'est dressée contre lui. Pressyne était dans une profonde détresse, car elle avait gardé secrète la nature de ses filles. Par la suite, Mélusine a erré seule quelque temps, se demandant si elle devait dissimuler son véritable moi. Puis elle a rencontré un beau prince dans la forêt. Ils sont tombés amoureux l'un de l'autre, et se sont mariés. Mais le prince a découvert le secret de Mélusine et est entré dans une terrible rage, la traitant de serpent. À partir de cet instant, Mélusine a cessé de se cacher et a librement assumé sa forme de Dragon.

Mélusine savait fabriquer des anneaux d'invisibilité et des clés pour déverrouiller la porte des autres dimensions. Les Dragons ont pleuré sa mort, car elle avait révélé sa véritable nature et n'avait pas peur d'elle-même. Et chaque fois qu'un de ses ancêtres passe de ce monde dans l'autre, les Dragons pleurent...

Mélusine est très belle et fidèle à elle-même. Elle peut changer de forme mais appartient avant tout à l'eau et à la forêt. Elle tombe amoureuse sans se perdre et ne se laisse jamais insulter. Elle maîtrise son être-Dragon et transmet à ses nombreux enfants les secrets d'Avalon.

Signification divinatoire

Vous allez peut-être souffrir de rejet de la part d'autres personnes, notamment en raison de leurs attentes familiales, religieuses ou culturelles. On trouve certaines de vos facettes inacceptables. Vous luttez pour vous intégrer dans un environnement qui n'accepte qu'un seul aspect de vous. Vous comprenez que vous devez cacher une part de vous-même afin de vous fondre dans votre entourage.

Travailler avec Mélusine

Faites confiance à ceux qui vous aiment vraiment, tel que vous êtes. Au premier signe d'acceptation, votre estime de vous-même s'épanouit. Passez du temps dans la nature et dans l'eau pour apprendre à vous accepter. Contemplez les incroyables variations des formes naturelles, et prenez conscience que vous êtes un être magnifique.

(Illustration : Mélusine, *de Jimmy Manton)*

2. Lady Grian
Ouvrez votre cœur

Grian vous parle :

« J'appartiens à la Terre et à la lumière de l'étoile-Soleil. Je suis l'épanouissement de la fleur, l'amour qui vit dans votre cœur. Je vous aime et je souhaite que vous vous remplissiez de cette énergie d'amour.

Je suis une source de pouvoir que vous ne pouvez négliger. Car même si vous avez l'impression d'hiberner, même si votre cœur est devenu dur et froid afin d'échapper à la douleur, je vous annonce que vous êtes prêt à dévoiler votre source de vie et de chaleur à un autre être. L'amour que vous devez partager sera apprécié et vous sera retourné. En outre, cette chaude énergie aimante sera votre propre récompense, car elle éveillera votre nature sensible. Ouvrez votre cœur, je vous en prie.

Autorisez-vous à aimer. Contemplez la beauté de la chaleur et souriez aussi souvent que possible. Laissez éclater votre joie, et regardez le cœur des autres s'ouvrir. Portez du jaune, du rouge et de l'or, toutes les couleurs de mon ami le Soleil, et vous sentirez un grand flux d'énergie s'éveiller en vous. N'oubliez pas que les graines que vous avez plantées ont besoin de terre chaude dans laquelle grandir. Oui, elles peuvent survivre quand il fait froid, mais elles ne peuvent s'épanouir. Réchauffez-vous donc, répandez votre énergie, et sachez que votre être radieux créera l'abondance et la chance autour de vous. Dispensez simplement l'énergie de votre cœur. Je vous aimerai et vous soutiendrai jusqu'à ce que vous incarniez le rayonnement même du Soleil. Aimez. Soyez aimé. Aimez. »

À propos de Grian

Grian est la sœur de la déesse Lune des Dragons, Aine. C'est une Reine-Dragon solaire. Elle appartient à la lumière dorée. Elle apporte chaleur et courage, joie et croissance, partout où elle pose le pied. Elle est la force qui pousse la plante à fleurir, le fruit à naître sur la vigne, la graine à germer. Ses mains brillent de force vitale et, quand elle dort, ses compagnes Dragonnes soufflent des flammes autour d'elle pour la garder au chaud. Elle fournit le feu et la chaleur à ceux qui vivent dans les climats hivernaux. Elle apporte avec elle l'éclosion du printemps. Son contact est celui du renouveau et de l'été. Elle a un rapport étroit avec l'aube et la lumière naissante, de même qu'avec le crépuscule et la lumière « mourante ». Grian est indispensable à la continuation de la vie, à l'acquisition du confort. Elle véhicule l'abondance et le luxe qui émergent naturellement de la planète. Elle est très belle, très chaleureuse et consolante. À tous ceux qui souffrent du froid, de la fatigue ou de douleurs articulaires, elle insuffle le soulagement et la joie.

Sous sa forme naturelle, le moi-Dragon de Grian est petit et délicat, et pourtant immensément puissant, telle une protubérance solaire. Mais elle est aussi d'une nature sensuelle et protectrice. Quand Grian exhale, les fleurs s'épanouissent. Partout où elle pose le pied, poussent le trèfle, l'herbe et la mousse. Tout ce qu'elle regarde et qu'elle touche bénéficie de sa vibrante force vitale. Elle insuffle la vie même. Son rayonnement est doux et gentil, mais incommensurable. Elle a le pouvoir de changer les paysages, les climats et les sentiments...

Signification divinatoire

Période où les rêves et les souhaits se réalisent rapidement et aisément. La fertilité augmente. Votre beauté et votre séduction attirent des commentaires admiratifs. Ouvrez grand votre cœur et éprouvez la joie des sensations. De belles émotions, des amitiés chaleureuses, des relations affectueuses. Démonstrations d'amour - d'amour extravagant. De nouveaux projets et de nouvelles idées. Quand Grian vous accompagne, votre estime personnelle croît et attire les autres vers vous.

Travailler avec Grian

Faites pousser quelque chose ! L'herbologie. La magie terrestre, le contact et l'énergie solaires, les créatures à sang chaud, les sourires et les gestes aimables. Les solstices, surtout celui d'été, la saison de Beltane, les jours de soleil et de chaleur. Le vent chaud, les élans de votre vie, quand l'énergie circule avec facilité et que les changements se produisent sans difficulté. Portez du rouge, de l'or et du jaune pour profiter de l'énergie solaire, même par les jours les plus gris.

(Illustration : Lady Grian*, de Kylie McDonough)*

3. Les Amoureux
Aimez-vous l'un l'autre

Les Amoureux vous parlent :

« L'amour-passion semble appartenir aux contes de fées et aux romances épiques, mais il fait partie de vous et de votre vie. Le fait que vous tiriez cette carte indique que vous êtes un être magnifique, digne d'adoration, d'amour et d'extase. Il existe un dieu et une déesse pour chacun d'entre nous ; vous êtes sur le point de le découvrir par vous-même.

Vous possédez le nécessaire pour attirer à vous l'amour et la confiance parfaite. La passion physique et spirituelle peut être attisée, mais il faut le demander.

Votre recherche de l'âme sœur est terminée, car la vérité vient à vous. En vous fiant à votre nature passionnée et romantique, vous avez attiré celui ou celle qui vous adorera. Restez calme et tranquille, et ayez confiance. La béatitude, les délices sensuels et l'extase physique sont à vous. »

À propos des Amoureux

Ces deux êtres sont passés par de nombreuses épreuves avant d'être réunis. Ce sont des âmes sœurs. Leur relation est de celles qui se nourrissent d'étreintes, de douceur et de passion. Ils nous rappellent que pour aimer bien, on doit aimer chaque jour, et que négliger son amant(e) revient à négliger son propre bonheur. Ils nous parlent de la nécessité des gestes romantiques. Garder l'amour en vie est aussi simple que d'arroser quotidiennement son jardin afin de maintenir les plantes en pleine santé. L'amour des Amoureux est gardé par les Dragons, dont ils véhiculent le sang. Votre propre relation sera protégée par un Dragon. Grâce à lui, un amour vrai viendra à vous, quand vous le chérirez assez pour le nourrir, le faire grandir et le partager avec générosité, honnêteté et courage. Vous trouverez l'amour et il sera sacré, mais vous devrez le protéger. Votre Dragon-Gardien s'assurera qu'il vienne à vous quand vous y croirez du fond du cœur.

Signification divinatoire

Votre relation demande des soins, comme toute chose vivante. Il est peut-être temps de faire un geste romantique, d'aimer quelqu'un comme vous voudriez qu'on vous aime, de comprendre que l'amour ne peut fleurir là où il y a de la défiance et de l'anxiété. Vous désespérez à l'idée que votre relation n'égalera jamais vos rêves. Pourtant, l'amour véritable repose sur la volonté de croire qu'on peut éprouver un amour passionné. Vous méritez ces extases, quels que soient votre âge, votre santé et votre beauté. Vous êtes un(e) bien-aimé(e), les Dragons le savent. Ils vous demandent d'en prendre conscience.

Travailler avec les amoureux

Créez des moments d'amour durant la journée. Autorisez-vous à vous sentir aimé. Sentez combien vous êtes aimé par les Dragons et par la conscience de tout ce qui vit. Offrez-vous de petits gestes de gentillesse, qui attireront un amour passionné dans votre vie. Sachez que la sensualité, l'union physique et la béatitude sont des droits de naissance, et que vous méritez ces expériences. Laissez vos sentiments de manque s'évanouir, et remplacez-les par la certitude profonde que vous méritez l'amour.

(Illustration : Fascinés par les Dragons*, de Nicole Cadet)*

4. Apalala
Vous êtes pacifique

Apalala vous parle :

« Quand vous tirez cette carte, un profond sentiment de paix et de sérénité s'impose à vous. Respirez profondément, et apprenez que votre nature paisible peut devenir une source quotidienne de délice et de courage, de force et de beauté. La paix est comme une clairière tranquille en vous, un bosquet sacré dans lequel vous vous reposez. Nourrissez-vous et ressourcez-vous dans ce lieu, et veillez à lui rendre visite chaque jour. Posez des actes de paix dans votre vie. Soyez fort, libre, béni et en paix. Si vous vous ressourcez tous les jours, votre entourage en bénéficiera. Ne confondez pas la paix et l'inaction : militer pacifiquement pour la paix est l'un des choix les plus dynamiques et les plus puissants qu'on puisse faire en ce monde, maintenant et pour toujours. Quand, autour de vous, tout n'est que drame et bouleversements, retirez-vous dans ce lieu, et prenez conscience que votre vérité est la paix. La sérénité. L'amour. La liberté. »

À propos d'Apalala

De nombreuses légendes racontent qu'Apalala s'est converti au bouddhisme. Mais la vérité, c'est que le Bouddha et le gardien de la sagesse Apalala partagent de nombreuses croyances. Le Bouddha a autant appris du cœur compatissant et aimant d'Apalala que ce dernier des yeux grands ouverts du Bouddha. Apalala vous encourage à prendre part à des débats sur la paix, à trouver des manières de promouvoir la paix au niveau personnel, pratique et global. Vous aurez peut-être envie de parler avec des gens engagés dans une vie monastique. Cette carte indique que vous avez déjà vécu des vies dans un temple bouddhiste ou un monastère. Explorez cette voie mais, pardessus tout, attachez-vous à être toujours aimant, pacifique et harmonieux. Souvenez-vous, le Bouddha adorait rire, aussi !

Signification divinatoire

Vous êtes un être pacifique, et vous répandez la paix autour de vous. Vous désirez peut-être davantage de paix. Vous voulez en finir avec un conflit personnel ou global. Ne dépensez pas votre énergie à combattre la guerre, créez autant de moments paisibles que possible. Cela n'implique pas de vous montrer faible ou passif mais, au contraire, de choisir de ne pas dévier de votre résolution formidable d'apporter la paix. Sachez que vos propos sur la paix et sur les croyances sont sur le point de faire changer les choses. On vous a peut-être menti en essayant de vous persuader que des manières pacifiques révèlent un manque de force. Ce n'est pas vrai. Choisissez d'être plus fort et plus pacifique, et regardez l'harmonie et la joie fleurir autour de vous.

Travailler avec Apalala

Invitez la paix dans votre vie en travaillant avec des êtres dont les croyances sont similaires aux vôtres, et qui s'y tiennent avec intégrité. Comprenez que les conflits autour de vous sont le résultat des tentatives d'autrui pour contrôler les cœurs, les esprits et les avenirs. Apalala nous enseigne qu'en maniant l'« ici et maintenant » avec amour, on crée des opportunités excitantes et pacifiques pour tous.

(Illustration : Apalala, *de Debbie Lean)*

5. Lady Titania
Réjouissez-vous

Titania vous parle :

« Célébrez votre existence ! Il n'existe pas de vrai bonheur sans la joie d'être ce que l'on est. Au cours des 28 jours et demi suivant le prochain cycle lunaire, de nombreuses opportunités viendront à vous. Jouez, réjouissez-vous, dansez, explorez le clair de lune. Révélez une part joyeuse de vous depuis trop longtemps négligée ! Il est temps de sortir du lieu où vous vous étiez réfugié pour être tranquille et de profiter de la joie en bonne compagnie. Sachez que tous, y compris les Dragons, sont heureux et ravis de constater votre capacité à vous réjouir. Célébrez cette période et nous la célébrerons avec vous. Bienvenue, joyeuse âme sœur, entrez dans la fête ! »

À propos de Titania

Le nom de la reine des Fées, Titania, signifie littéralement « fille des Titans ». Les Titans sont les aînés des dieux, les premiers enfants du Ciel et de la Terre. Ils ont surgi du chaos en compagnons des Dragons, qui sont aussi de nature divine. Parmi eux, on trouve Saturne, Rhéa, Océan, Hypérion et bien d'autres. Dans *Les Métamorphoses* d'Ovide, Titania est l'autre nom de Diane et d'autres déesses de la nuit, qui règnent sur les pouvoirs et sur les éléments mystiques du monde obscur. Ainsi, il n'y a pas de séparation : les Titans sont des déesses et les déesses sont des Dragons. Comme Isis, qui personnifie le principe féminin universel, Diane et ses semblables sont des déesses de la nature. Loin d'être une créature délicate et évanescente, Titania est grande, forte et puissante. Elle est de race elfique, de haute taille et aux traits prononcés, et elle possède assez de sang de Dragon dans ses veines pour pouvoir voler et vivre de nombreux millénaires. Elle fait partie des plus anciens Dragons. Cependant, sa mission actuelle est de célébrer la joie de vivre avec vous. Quand vous vous sentez vieux, désespéré et fatigué, elle vous enlève dans ses bras solides, vous montre les trésors de la vie, et donne une fête afin que vous vous réjouissiez avec vos semblables. L'isolement et la solitude ne sont plus au programme pour vous.

Signification divinatoire

Réunir autrui dans des rassemblements sérieux et sacrés, qui changent la vie de ceux qui y participent. Materner joyeusement les autres. Vous montrer plus grand que vous ne semblez être. Le besoin de joie, de bonheur et du rassemblement heureux d'âmes sœurs. Des accords familiaux et des pactes renforcés par des célébrations. Communauté d'amis. Découverte de votre famille de cœur. Protection et soutien de la part d'amis et de votre famille de cœur.

Travailler avec Titania

Entrez en contact avec autrui au cours de réunions, même en petit comité. Envisagez d'élargir votre cercle d'amis. Préparez-vous à équilibrer vos côtés introverti et extraverti. Prenez conscience de votre besoin de famille et de liens. Des liens très profonds avec d'autres êtres humains peuvent tout de même rester amusants !

(Illustration : Âme de Dragon, *de Selina Fenech)*

6. Grand-mère Magie
Je vous réconforte

Grand-mère Magie vous parle :

« En ces temps de changement, vous attirez à vous d'autres êtres, des divinités qui vous apportent réconfort, consolation et amour inconditionnel. Vous êtes entouré d'amour, y compris de celui de ceux qu'on appelle les animaux domestiques, et qui sont en réalité vos gardiens et vos compagnons bien-aimés... Ce sont eux qui vous consolent avec leur chaleur ; ils désirent vous voir heureux et en bonne santé, quoi qu'il arrive. Vous rencontrerez peut-être de nouveaux amis, ou bénéficierez de la gentillesse d'inconnus. Il existe des êtres merveilleux dans ce monde, et certains vous ont été envoyés pour vous apporter réconfort et soutien, vous bercer pour vous endormir. Vous avez de la valeur et vous êtes aimé au-delà de toute mesure. Permettez-nous de nous approcher et d'entrer. Attendez-vous à de la gentillesse, de petits cadeaux et de bonnes surprises lorsque j'apparais. Votre ancienne manière de considérer la vie s'est évanouie... Inutile de faire revivre ce mensonge. Laissez les choses se faire, et abordez cette nouvelle étape avec toute la beauté dont nous vous savons capable.

Je veux aussi que vous sachiez que l'heure du changement est arrivée : vous passez de l'enfance à une véritable maturité... C'est une grande chose, et nous célébrerons cela ensemble, avec des amis qui désirent vivement vous rencontrer ! »

À propos de Grand-mère Magie

Plus âgée que quiconque s'en souvient, c'est la Mère des Mères. Sa lignée est aussi vaste que le temps et l'espace eux-mêmes. Pourtant, cette grand-mère sait que nous avons parfois besoin d'être bercés et serrés dans les bras, instruits et conseillés. Grand-mère Magie vient vous dire que votre nouvelle vie peut vous sembler parfois difficile, mais que vous ne pouvez plus vous rendormir après vous être éveillé. Il y a tant de choses qu'elle aimerait vous montrer. Allez vers elle en toute confiance, et permettez-lui de vous présenter les habitants de royaumes stupéfiants.

Signification divinatoire

Il existe beaucoup de fausses vérités sur la vieillesse. Vieillir ne veut pas dire renoncer à sa beauté, sa vitalité, sa sexualité ou son énergie. Cela signifie seulement veiller sur les plus jeunes et assumer un rôle de mentor sans perdre son identité. Quand Grand-mère Magie se montre, il est temps de grandir. Elle vous aide à traverser cette étape de croissance. Elle apparaît en général au moment de la puberté ou de la ménopause. C'est aussi une grand-mère de sang, qui nous enseigne la sagesse des cycles corporels, la manière de les vivre joyeusement et harmonieusement, plutôt que dans la peur et la honte.

Travailler avec Grand-mère Magie

Respectez vos cycles, prenez conscience de votre corps, de ses besoins et de ses fonctions. Traitez-le avec amour et respect. Déracinez vos conditionnements négatifs. Grand-mère Magie vous enseignera tout ce qu'il y a à savoir sur le corps, la sexualité et la fertilité, afin que vous puissiez le transmettre avec amour et sagesse. Il n'y aura plus de honte du corps dans votre lignée. Grand-mère Magie annonce un nouveau début. En vieillissant, vous pouvez rester beau, vivant, désirable et puissant. Ne cédez pas à la pression de la culture, qui qualifie la vieillesse d'indésirable. Être un ancien/une ancienne – grand-mère –, c'est être sage. Et il n'y a rien de plus beau.

(Illustration : Grand-mère Magie, *de Jimmy Manton)*

7. Le Veilleur du Temps
Vous avez le temps

Le Veilleur du Temps vous parle :

« Vous avez l'impression que le temps se contracte et s'étire : c'est une véritable intuition et non le produit de votre imagination. Le temps est un être dimensionnel vivant, qui peut accélérer ou ralentir si nécessaire, ou encore se consacrer à ceux qui ont besoin de lui. C'est pourquoi on peut lire l'avenir et voyager dans la trame du temps… En réalité, nous y sommes déjà et une grande partie de ce que nous sommes n'est qu'un écho. Les Dragons du temps, dont je suis, le savent et vous protègent de la confusion. Si vous avez l'impression que vous n'avez pas le temps, envoyez-moi une pensée-message, à moi, le Veilleur du Temps, et je vous donnerai toute l'aide dont vous avez besoin pour accomplir votre but dans le temps imparti. Sachez que le temps peut travailler pour et avec vous. Il vous suffit de communier avec lui en tant que réalité dimensionnelle et d'entrer en contact avec les êtres temporels. Appelez-moi pour créer le temps dont vous avez besoin. Voyager vous prendra moins de temps, le temps s'étirera pour vous aider à respecter vos délais, et arriver à l'heure deviendra un jeu d'enfant, quels que soient les obstacles. Par-dessus tout, n'oubliez pas que vous êtes un être éternel. Vous êtes protégé, chéri et aimé par le Veilleur du Temps, et vos dimensions sont immenses. Dorénavant, vous êtes un voyageur du temps, c'est votre héritage. »

À propos du Veilleur du Temps

Ce Seigneur Dragon est le gardien du temps ; il réarrange la trame du temps et les lois naturelles, et consacre à certains individus des portions de temps qui peuvent se contracter ou s'étirer à volonté, selon leurs croyances. Le Veilleur du Temps nous enseigne que le temps est soumis à ses propres lois. Sa grande leçon est celle-ci : plutôt que d'essayer de le compartimenter et de le contrôler, si on s'accorde au temps, si on revient aux rythmes lunaires, solaires et astronomiques, si on célèbre les changements du temps naturel avec la Roue de l'année, alors le laps de temps qu'on possède devient plus riche et joyeux. On ne lutte plus autant pour tout faire entrer dans une journée. Changer les perceptions est une tâche si gigantesque que le Veilleur du Temps est parfois épuisé. La mentalité qui prévaut aujourd'hui est de contraindre et surveiller le temps. Le Veilleur du Temps nous encourage à faire l'expérience de la multi-dimensionnalité du flot naturel d'énergie que l'on appelle le temps. Il existe une manière très simple d'y parvenir : soyez plus souvent dans l'instant présent.

Signification divinatoire

On se sent pressé par le temps ; il passe trop vite ou trop lentement. On se sent laissé pour compte, dépassé, sans importance. Besoin de s'assurer que le temps est respecté. Il est probable, quand cette carte apparaît, que vous ayez l'impression d'être en retard, de ne pas avoir le temps, que le temps ne joue pas en votre faveur. Ce n'est pas le cas !

Travailler avec le Veilleur du Temps

Rien ne vous rendra plus heureux que de saluer le lever du soleil et de profiter de son coucher. Diminuez ou atténuez les sources de lumière artificielle qui donnent l'apparence d'un temps uniforme. Le temps change, coule et se déplace à mesure que vous interagissez avec lui, sans conflit. Rapprochez-vous du temps naturel. Offrez-vous une journée de liberté. Prenez conscience de la nature du temps grâce à la position du soleil, au cycle de la lune et à vos sensations. Cela vous aidera à garder de l'énergie en abondance, et vous serez en phase, sans plus vous soucier d'être en retard dans vos activités.

(Illustration : Le Protecteur de la Magie, *de Ravynne Phelan)*

8. Nimoué

Recherchez le conseil des cristaux

Nimoué vous parle :

« Entre mes mains repose le pouvoir de tout ce qui existe : les liens entre la Terre et les étoiles, les royaumes à traverser pour réaliser vos désirs et vos rêves les plus profonds. Mais avez-vous le courage de rêver ? Êtes-vous assez courageux pour énoncer vos désirs ? Je peux créer des choses, mais si vous ne vous engagez pas à changer, je ne serai pas au rendez-vous.

Faites une promesse dès à présent à votre être intérieur. C'est votre véritable moi, il mérite cette confiance, ce vœu - le courage qu'il faut pour renaître intérieurement. Je suis bienveillante, mais je ne perdrai pas mon temps si vous gaspillez les joyaux que la vie vous a offerts. Je me détournerai, car le moment ne sera pas encore venu pour vous. C'est vous seul qui pouvez le dire, vous seul qui pouvez assumer votre nouveau moi, guidé par ma lumière. C'est vous qui pouvez faire de la transformation votre nature et de cette incarnation votre vérité, sans passer par la mort physique.

Faites ceci avec moi : bénissez-vous. Aimez-vous. Prenez conscience que vous allez au-delà de votre imagination. Agissez ce jour, en ce moment, en cette minute, et le changement s'accomplira. N'hésitez pas. Transformez-vous tout de suite. »

À propos de Nimoué

Nimoué est une belle Dragonne enchanteresse, née de mère Dragonne et de père humain. Elle réside avec la prêtrise avalonienne du Lac, mais dans sa propre partie de la forêt. Elle travaille avec les cristaux, et se sert de leur résonance énergétique pour créer des frontières entre les portails dimensionnels et des ponts entre les mondes. Elle crée des châteaux et des grottes de cristal, des maisons et des chambres, des couches de guérison et des sanctuaires. Elle est séduisante, envoûtante, innocente et libre... C'est une Dragonne du monde naturel, des anciennes coutumes.

Elle purifie les êtres avec son énergie cristalline, et prépare la planète pour le retour de Merlin et d'Arthur. Elle sait que vous n'avez pas besoin de craindre pour votre survie pendant votre transformation, car vous êtes éternel. Il n'est pas nécessaire de mourir avant de renaître à ce que vous êtes, âme incarnée dans cette vie. Nimoué n'est pas impatiente, mais elle exige que vous vous engagiez à réaliser le potentiel de votre être.

Elle est très blonde, mince, argentée - et passionnée car elle se concentre sur les minéraux et la guérison. Elle travaille avant tout avec l'eau et les cristaux. Ses cheveux sont incroyablement longs. Elle a des yeux immenses et des doigts fins, adaptés au travail délicat qu'elle effectue. De nombreux Dragons l'aident en lui prêtant leurs joyaux et leurs cristaux, car elle crée des talismans et des bijoux enchantés. C'est aussi une amoureuse, elle ensorcelle les druides et les bardes, qui voudraient bien l'apprivoiser. Mais aucun d'eux ne le peut, ni le pourra jamais.

Signification divinatoire

Il est temps pour vous de vous libérer des attentes des autres et d'explorer des manières moins conventionnelles de gagner votre vie. Vous êtes peut-être attiré par un cristal particulier, en ce moment, et vous bénéficieriez d'une communion régulière avec l'élément terre et les minéraux. Portez des bijoux purifiés et énergisés par vos propres soins, et prenez conscience de leur signification et de leur pouvoir. Faites de chacune de ces pièces un totem symbolisant votre moi, ornant et exprimant ce que vous êtes. Le message de Nimoué est avant tout de vous libérer. Cessez d'attendre que les autres détachent vos chaînes et vous forcent à vous libérer. C'est vous, et vous seul, qui pouvez vous dégager de ce qui vous entrave.

Travailler avec Nimoué

Travaillez avec des cristaux pour créer le changement. Ne remettez pas à plus tard votre transformation. Concentrez-vous sur votre travail. Portez des bijoux talismans. Éloignez-vous des courants dominants pendant une période, incarnez ce que vous êtes vraiment, et votre travail acquerra une énergie unique. Opérez immédiatement les changements que vous souhaitez voir arriver dans votre vie. Ne perdez pas de temps… Commencez tout de suite.

(Illustration : Nimoué, *de Jimmy Manton)*

9. La Fée Morgane
Guérison

Morgane vous parle :

« Même quand on vous crie dessus, même quand une voix forte et agressive proclame que vous n'avez pas de magie, la vérité reste que vous êtes magique, que vous avez été et serez toujours magique. Laissez-moi vous protéger avec l'épée du lac d'Avalon. Je ne blesserai personne, mais je trancherai les liens créés par les critiques, et je vous guérirai des blessures causées par des mots durs et cruels.

Voyez derrière moi les attributs des émotions tendres, les Dragons de l'Eau. Ces êtres sensibles m'ont depuis longtemps autorisée à être leur protectrice et ont paisiblement résidé dans les eaux accueillantes d'Avalon, avant de retourner dans le monde. Prenez du temps pour vous, mon cher, réfugiez-vous près de moi et laissez-moi vous soutenir. Votre magie est forte et puissante, mais vos blessures sont profondes. Laissez ces êtres vous apaiser, et autorisez-vous à ressentir de nouveau votre vérité. Vous êtes entier, parfait, complet. Nagez dans ces eaux soyeuses, prenez conscience de vous-même, et sachez que, bientôt, vous retournerez chez vous. Vous n'êtes jamais seul(e). Je suis toujours à vos côtés, chaque fois que vous en avez besoin. Vous n'êtes plus un orphelin, un paria, un errant. J'assigne aux Morganes, les prêtresses d'Avalon, au cygne sacré et aux Dragons la mission de rester à vos côtés pour toujours. Toujours. »

À propos de Morgane

L'élément eau représente le sentiment, et vos sentiments ont été blessés. Les êtres d'Avalon, Lady Morgane et les Dragons d'Eau sont ici pour vous guérir et vous réconforter, non seulement en chantant pour vous, en vous tenant dans leurs bras quand vous pleurez, mais aussi en vous défendant avec l'épée même du lac. Si on vous a ignoré ou écarté, cette carte apparaît pour vous réconforter et vous faire savoir que votre famille d'élection vous cherche. Elle a été assignée à votre protection pendant votre convalescence. Le moment est venu pour vous, et vous ne pouvez avoir de meilleure protectrice que Lady Morgane. Vous éprouverez de la joie et du ravissement à être ainsi accueilli, et votre cœur sera en paix. Quelqu'un se chargera de votre fardeau pendant quelque temps et vous pourrez vous reposer. Puis vous vous relèverez, et ayant connu la paix d'Avalon, vous la répandrez autour de vous. Ce n'est pas un lieu de résidence permanent, mais un endroit où l'on peut se réfugier quand on a été blessé par les aléas de la vie. Sachez que vous êtes destiné à défendre les gens de la déesse, êtres magiques, humains, mi-magiques, mi-humains et animaux. Vous contribuerez à garder en vie l'énergie d'Avalon. Vous aurez toujours un lieu sûr où vous réfugier, et vos amitiés vous aideront à grandir en force, en courage, en intuition, en amour de vous-même et de tous.

Signification divinatoire

Un moment de refuge nécessaire, le désir de retourner dans la demeure de l'âme. Vous aimeriez que quelqu'un d'autre se charge de votre cause, vous donne la force de récupérer avant de reprendre la route. Vous rencontrerez quelqu'un qui croit en vous. Cette personne ne prendra peut-être pas littéralement les armes, mais elle vous dira ce qu'elle voit en vous (une épée brandie par un Dragon a toujours à voir avec la justice et la vérité, avec la protection et l'honneur). Vous découvrirez que la foi et l'amitié vous donnent le courage de continuer sur une voie de liberté et d'inspiration pour les autres.

Travailler avec Morgane

Ouvrez-vous à de nouvelles amitiés, même si votre tempérament vous incline à vous cacher. Vous avez atteint la vérité de votre âme, de vos talents et de vos compétences. Vous aurez à travailler dur, et Morgane vous soutiendra en vous fournissant un havre dans lequel vous reposer et vous recharger jusqu'au moment de repartir. Elle veillera à ce que vous bénéficiiez de temps, mais tenez-vous prêt quand elle vous appellera, car ce voyage est le vôtre et son issue repose entièrement entre vos mains. Morgane vous protégera en cas de besoin, le long de la route. Appelez-la quand vous êtes mal à l'aise, fatigué ou épuisé par le stress émotionnel.

(Illustration : la Fée Morgane, *de Jimmy Manton)*

10. La Reine Oonagh
Une solution géniale se profile

La Reine Oonagh vous parle :

« Vous êtes confronté actuellement à une situation exigeante, qui vous donne l'impression d'être submergé. La puissance de ce défi n'est cependant pas totale, car vous possédez en vous des solutions véritablement brillantes à ce dilemme. Elles résident dans votre esprit et dans votre capacité à rester calme dans l'adversité. Ne vous laissez pas brutaliser par quelqu'un ou quelque chose qui vous paraît plus fort que vous. Gardez la tête froide et planifiez votre stratégie. Vous avez hérité de formidables ressources intellectuelles, du pouvoir de l'imagination et de l'esprit. Réfléchissez à la façon de vous sortir de cette situation. Vous avez de puissants alliés, et votre intelligence est là pour que vous vous en serviez. Vous possédez tout ce qu'il faut pour surmonter ce défi. Vous pouvez facilement contourner les obstacles. Restez calme, concentrez-vous, et laissez les solutions jaillir de votre intelligence supérieure. Une magnifique lumière brille dans votre esprit. Plus elle resplendit, plus cette situation troublante se résoudra d'elle-même. Vous avez de l'intelligence et du génie. Ayez foi en vos dons et servez-vous-en. Maintenant. »

À propos de la Reine Oonagh

Oonagh est physiquement et mentalement divine. Elle est incroyablement belle, mais c'est aussi une reine Dragon très pragmatique. Elle a rassemblé une cour magnifique et bénie, où tous ont l'opportunité de devenir ce qu'ils sont. Très pragmatique et intelligente, elle protège ceux qu'elle aime avec diplomatie et esprit. Les chasseurs et les guerriers se fient à ses conseils en raison de son génie subtil. Grâce à eux, ils peuvent vaincre ceux qui leur veulent du mal sans effusion de sang, et ainsi protéger leur tribu. Oonagh désarme plutôt qu'elle ne détruit. Elle se montre avec un grand chaudron, toujours entourée de rayons de lune et d'arcs-en-ciel. Elle est vêtue de toiles d'araignée constellées de gouttes de rosée. Ses mouvements sont légers, et son esprit vif et brillant. Elle porte souvent une branche de sorbier, symbole magique des arbres.

Signification divinatoire

Il existe une solution pratique à un problème apparemment insoluble. En virant de bord, vous obtiendrez des résultats fantastiques. Vous pouvez suivre la lettre de la loi, pour ainsi dire, et pourtant adopter une approche intelligente et innovante. Considérez d'abord vos besoins et ne laissez pas la situation faire de vous une victime. Il y a une issue : elle implique de vous servir de bon sens et de prendre conscience de ce qui est bon et juste, car vous avez beaucoup à perdre ! Servez-vous des dons de la Terre et de Gaïa, de l'air, de l'eau, pour parvenir à des fins pratiques aux résultats magiques. Affinité avec le sorbier.

Travailler avec Oonagh

Des idées géniales. Soyez vraiment créatif. Pensez à vos différents talents, réfléchissez à la manière de vous présenter et d'être plus malin que celui ou celle qui veut profiter de vous. Le fait que vous possédiez beauté et gentillesse ne doit pas vous laisser croire que vous ne pouvez pas riposter ! Grâce à la diversion et à l'ingénuité, vous êtes tout à fait capable de surpasser votre ennemi. Ce sera la défaite de la menace actuelle et vous gagnerez avec intégrité !

(Illustration : La Déesse du Soleil, *de Toni Carmine Salerno)*

11. La Reine Mab

Votre ancienne sagesse s'éveille

Mab vous parle :

« Je suis Mab, certains m'appellent Reine. C'est de votre indépendance et de votre souveraineté que je désire vous parler. Chaque jour, vous voyez et vous ressentez des injustices dans le monde, et pourtant vous restez muet et vous laissez votre énergie se dissiper. Il est temps de prendre des mesures, de récupérer le pouvoir que la déesse Terre-Mère nous a donné, le précieux don de la vie sur cette planète. Vous êtes rempli d'énergie et vous pouvez utiliser autre chose que l'ancienne agressivité... Servez-vous de votre esprit, de votre respiration, de ce que vous appelez la prière et que j'appelle la magie pour toucher les autres. Vous êtes plus puissant que vous ne le pensez. Quand vous vous sentez piégé par la colère et la peur, respirez l'amour, reposez-vous et revivifiez-vous avec la pensée de votre propre force. Les Dragons sont avec vous, et vous aideront à transmettre ce message au monde dans lequel vous vivez. Car je vous le dis, les comptes seront faits. Vous faites partie de l'équipe de sauvetage magique de cette planète. Soyez fort, soyez sage. Restez en sécurité et changez le monde ! »

À propos de Mab

Mab est effectivement la reine des Anciens Jours. Elle travaille avec les jeunes Dragons à sauvegarder la sagesse de la Terre et à préserver le royaume féerique des ravages causés par les humains. Elle se déplace très rapidement car elle est électrique. Son énergie est énorme mais elle ralentit quand elle est triste, découragée et épuisée. Elle est féroce, très belle et très courageuse. Elle veille sur son royaume avec sa magie, et protège les humains.

On la dépeint comme une reine, mais sa couronne est faite de lumière et d'énergie. Elle connaît nos rêves et veille à ce que les souhaits inspirés par l'amour et la magie se réalisent. Une horde entière de jeunes Dragons travaillent pour elle (des apprentis !), et lui rapportent ce qui se passe dans le monde quand elle est trop épuisée pour voyager. Elle est sage, car elle a beaucoup vécu, et pourtant elle est sans âge. Elle ne renonce jamais et n'abandonne jamais son peuple de fées et d'élémentaires. Quand vous tirez cette carte, sachez que vous êtes protégé et aimé de Mab pour vos qualités uniques. Vous ne devez pas vous fondre dans l'anonymat. La carte de Mab est destinée à tous ceux qui souffrent de la séparation d'avec les anciennes coutumes.

Signification divinatoire

Revenir aux bases de l'enchantement et de la magie, reprendre contact avec les anciennes coutumes et les considérer comme éternelles. Comprendre l'histoire karmique de votre région, et appliquer ses principes au présent. Recevoir des messages télépathiques et leur faire confiance. Vos pensées ont de l'énergie et peuvent avoir un énorme impact (pensez à la loi de trois...).

Faites-vous plaisir avec la magie, croyez en vos capacités, et ayez confiance en la sagesse ancienne qui court aussi bien dans vos veines qu'au cœur de la planète.

Travailler avec Mab

Respectez l'ancienne magie, apprenez-en davantage sur les vieilles lignées de magie. Cela n'implique pas de devenir une créature du passé, il s'agit seulement de comprendre et de respecter l'héritage magique. Demandez à Mab de vous aider à déchiffrer clairement des informations télépathiques, et interrogez-la sur les manières d'aider la Terre. Nombre des créatures de cette planète affrontent une menace d'extinction. Mab les secourt et vous aidera à éveiller l'intérêt d'autrui envers elles. Des membres âgés de votre famille peuvent aussi vous révéler que vous venez d'une lignée magique. Ils le feront peut-être de manière subtile, mais ils le feront.

(Illustration : La Reine Mab*, de Jimmy Manton)*

12. Aine et le Protecteur
Né innocent

Aine vous parle :

« Me voici, vous offrant la protection et la sécurité de mon compagnon. Je souhaite que vous sachiez combien vous êtes protégé. Plus jamais vous n'aurez besoin de craindre ceux qui vous ont fait du mal. C'est terminé. Plus jamais l'irrespect et la tyrannie n'obscurciront la lumière de votre chemin. Dorénavant, je me tiens à vos côtés, tout comme ce magnifique Dragon-Lune. Tous deux, nous affirmons que vous pouvez vivre, aimer et vénérer comme vous l'entendez. Ceux qui pensent qu'ils en savent davantage que vous ne pourront plus jamais contraindre en esprit cœur, corps ou âme. Vous êtes un être radieux à la puissance lunaire, et la déesse notre Mère se réjouit de votre génie, de votre beauté et de votre liberté.

Je répète. Vous êtes en sécurité. Vous êtes protégé. Vous êtes divin. Tout le reste est mensonge. »

À propos d'Aine

Aine est une splendide Dragonne qui rayonne littéralement. Sa lumière est brillante et argentée. Elle étincelle d'esprit, d'humour, de candeur et de courage. Sa beauté est de celles qui inspirent et irradient. Il suffit d'invoquer Aine pour sentir son être embellir. Aine est particulièrement utile à ceux qui ont souffert d'abus sexuels. Elle redresse les torts karmiques causés par les agressions, les interférences, le déni et l'idée que les individus n'ont pas le droit de choisir leur amour, leur sensualité, leur corps.

Aine brave ceux qui disent que la spiritualité doit suivre le courant dominant, ceux qui exigent que nous soyons conformistes et que nous allions contre nos propres inclinations. De ses mains tendues sortent des globes de lumière argentée qui permettent de devenir invisible. Quand saint Patrick a tenté de la chasser d'Irlande, Aine lui a échappé en vibrant à une fréquence si haute qu'il ne pouvait plus la voir ni la sentir... C'est ainsi qu'il a cru à tort l'avoir chassée. En vérité, elle a tout simplement disparu de la vue de ceux qui voulaient lui faire du mal. Sa sagesse lunaire, sa magie féminine et sensuelle sont demeurées vivantes tandis qu'elle s'élevait dans une autre dimension. À présent, elle est de retour et nous considère tous comme innocents. Elle est la seule à avoir défié (et à continuer de défier) le concept du péché originel.

La Dragonne nous murmure son savoir vivant à l'oreille, car elle sait qu'il réside en nous. De temps en temps, ses larmes d'argent coulent, libérant le chagrin réprimé et apportant un doux soulagement. Maintenant qu'Aine est revenue parmi nous, son compagnon le Dragon peut retourner sur la Lune pour protéger sa lumière cristalline...

Signification divinatoire

L'expression de votre sexualité est réprimée, ou bien vous avez été critiqué pour avoir pris en main votre destin sexuel. Autour de vous, on pense que vous devriez dissimuler davantage votre désir, être moins concupiscent et moins audacieux dans l'expression de votre liberté. Si vous êtes une femme, des hommes plus âgés souhaitent que vous vous comportiez de manière moins ouverte, que vous vous stabilisiez et soyez « sage ». Si vous êtes un homme, vous avez peut-être la chance d'aimer une femme libre, que vous ne pouvez contrôler, et votre virilité s'en trouve remise en cause. Vous avez peut-être souffert d'abus sexuels par le passé, ou vous avez été opprimé. Cette carte représente votre droit absolu à la liberté et à l'intégrité. N'y renoncez pas.

Travailler avec Aine

Prenez votre envol, explorez la nuit et les libertés qu'elle recèle. Le cycle lunaire a beaucoup à vous révéler en ce moment, tandis que la Lune croît, devient pleine et décroît. Baignez dans sa lumière et sentez ses rayons traverser vos cellules, vous emplissant d'une magie naturelle qui nourrit votre liberté et votre âme, et vous apporte une force guerrière qui ne diminue en rien votre éclat. Soyez réceptif et Aine vous guidera vers des lieux magiques. Son Dragon galactique vous aidera à regarder au-delà du Soleil, jusque dans les royaumes des confins. Votre être et votre liberté n'ont pas plus de limites que le ciel nocturne.

(Illustration : Aine et le Protecteur, *de Jimmy Manton)*

13. Lady Alfreda
Justice prévaudra

Lady Alfreda vous parle :

« Sachez-le : quoi que vous ayez émis, cela vous sera renvoyé selon le pouvoir du trois. L'intention a de l'énergie, de même que les pensées et les émotions et, une fois libérée, cette énergie vibratoire attire vers vous ce qui a été émis. C'est la Loi du triple retour, une ancienne loi que les sages connaissent depuis très longtemps, même si certains humains refusent d'entendre sa vérité.

Ainsi, si vous criez à l'injustice parce que vous avez mal, vous devez éclaircir les raisons pour lesquelles cette manifestation de la Loi est arrivée jusqu'à vous, attirée par vous. Ce que vous pensez, vous le vivrez. Ce que vous faites, les autres vous le feront. C'est la loi magique.

Ne craignez pas la vérité mais voyez-la comme une source de liberté. La loi karmique n'implique pas de reproches. Mais tout ce que vous émettez vous reviendra. Cela ne peut se passer autrement.

Votre initiation au monde d'en dessous sera bientôt terminée, et l'obscurité deviendra pour vous un lieu de repos, de libération, de sagesse. La Loi est la Loi. Et la Loi de Lady Alfreda est l'amour pour tous. Suivez-la et la magie du triple retour opérera.

Ne savez-vous pas la vérité ? Le monde souterrain n'est pas l'enfer. Vos moments d'obscurité sont le chaudron de votre expérience, votre croissance, votre compréhension et votre connaissance. À présent que vous connaissez la Loi, travaillerez-vous selon elle, sachant qu'elle représente la vérité ? »

À propos de Lady Alfreda

Lady Alfreda est une Dragonne de bon conseil. C'est la sœur de Mélusine, et à ce titre, elle comprend l'eau et les émotions. Mais elle a à voir avec la Loi et avec la compréhension de cette Loi. Elle nous rappelle que le processus de la Loi naturelle opère dans nos vies, dans toutes nos vies. Lady Alfreda est une justicière. L'apparition de cette carte signifie que les ramifications karmiques d'actions, de pensées, d'émotions et de paroles seront bientôt ressenties par tous. N'ayez pas peur. Sachez seulement que cela met un point final à une certaine phase. Enfin.

Signification divinatoire

Il est temps de vous montrer réaliste et d'examiner ce que vous reprochez aux autres. Cela ne veut pas dire que vous devez vous blâmer. Au lieu de cela, travaillez à vous débarrasser de vos résidus karmiques (les Dragons sont fantastiques pour ça !) et à comprendre le lien entre ce que vous avez émis et ce que vous avez créé. Des problèmes avec la loi, la justice et le karma. Des craintes concernant ce que vous voyez comme l'obscurité ou la magie noire, sans comprendre comment fonctionne la Loi naturelle. Cette carte demande d'examiner vos propres intentions. Clarifiez votre espace : travaillez avec vos zones obscures pour en comprendre les leçons. Faites ami-ami avec votre ombre et remerciez-la pour ses enseignements.

Travailler avec Lady Alfreda

Prenez des décisions, agissez avec intégrité et tenez vos promesses. Soyez honnête et ouvert, et attendez la même chose d'autrui. Inutile de faire semblant ou de céder à la déception si quelqu'un n'agit pas de manière intègre. Vous n'avez pas besoin de réagir, car les lois naturelles de la Lady des Dragons s'en chargeront, et la justice interviendra en temps voulu. Votre rôle est de vous comporter honorablement, avec noblesse et vérité, et de vous tenir à ces principes. Prenez des mesures dans les affaires qui doivent recevoir réparation. Justice prévaudra.

(Illustration : La Dame Noire, *de Ravynne Phelan)*

14. La Dame Verte d'Y Ddraig Goch
L'Élu

La Dame Verte d'Y Ddraig Goch vous parle :

« Je déclare que l'avenir de la planète et de ses espaces verts est entre vos mains, enfants de la Terre ! Oui, vos mains… Ne le niez pas, car vous avez en vous tout ce qui est nécessaire pour rendre le monde meilleur. Je vous demande d'observer votre environnement naturel et de faire renaître le monde vert. La forêt et vous inspirez et expirez ensemble. Vous absorbez ce dont les arbres n'ont plus besoin, et vous exhalez ce qu'ils respirent. Ne voyez-vous pas la perfection de tout cela ? Peu importe la petitesse de votre rôle, je vous prie de comprendre que vous êtes, dans les faits, les mots et l'énergie, l'Élu du Monde vert.

Moi qui viens des forêts secrètes du cœur, je sais que toutes les plantations que vous faites apporteront la vie à d'autres êtres. Je suis dans chaque forêt, et mon cœur s'allège quand vous plantez les graines de l'avenir. Engagez-vous dès aujourd'hui à créer davantage de ce monde vert. Bien que nos origines soient séparées par le temps et l'espace, nous ne faisons qu'un, nous vivons et connaissons comme un seul être. La nature est notre sérénité et notre béatitude sur cette planète. Je vous aime et je me souviendrai de vous. Je parlerai de vous à mes semblables, afin que nous puissions vivre tous en paix. Vous êtes si précieux. Vous êtes aimé. »

À propos de la Dame Verte

La Dame Verte gouverne la santé des êtres les plus minuscules des bois, des forêts, des cours d'eau, des creux, des montagnes et des déserts. C'est la guérisseuse de Gaïa. Jamais son travail n'a été aussi ardu, jamais elle n'a travaillé aussi longtemps sans prendre de repos. C'est pourquoi elle vous fait signe. Prenez certaines de ses responsabilités, allégez son fardeau et participez à la guérison de la planète. Faites-le de manière active et énergique. La Dame Verte vous appelle car votre santé lui est précieuse - inextricablement liée à celle de Gaïa. Prenez conscience de votre corps : mangez sainement, jouez et faites de l'exercice. Devenez un collaborateur conscient du bien-être de la planète. Conspirez pour apporter la santé partout où vous êtes et sachez que vous avez un rôle à jouer. La Dame Verte vient d'Y Ddraig Goch, c'est une Dragonne renommée de la légende britannique, le symbole même du pays de Galles.

Signification divinatoire

Les préoccupations environnementales prendront bientôt une grande signification pour vous. Dans les journaux ou les nouvelles télévisées, quelque chose vous alertera sur les risques encourus par Gaïa. Vous déciderez de favoriser activement le bien-être et la bonté, plutôt que la destruction et le matérialisme déchaîné. Vous voudrez consacrer votre énergie, votre temps et votre argent à une cause. Réduisez l'énergie que vous consommez et soutenez les projets de réduction des émissions de carbone.

Travailler avec la Dame Verte

Quand cette carte apparaît, passez du temps parmi l'énergie des Arbres, nos sages aînés. Plantez un arbre et nourrissez sa croissance. Des inquiétudes concernant votre santé peuvent accompagner cette carte. Si c'est le cas, la nature vous procurera soulagement et guérison. Mais n'oubliez pas que tous les êtres vivants sont liés, et que la guérison de la Terre et la vôtre sont en symbiose. Prenez soin l'un de l'autre, respirez du bon air et vaquez avec légèreté à vos occupations sur la Terre. Vos pouvoirs empathiques atteindront peut-être un nouveau pic : prenez le temps de fréquenter les arbres. Ils calmeront et soulageront le bombardement aurique dont vous faites peut-être l'expérience.

(Illustration : La Protectrice des Forêts, *de Ravynne Phelan)*

15. La Déesse Dragonne Tiamet

Vous êtes plus fort que vous ne croyez

Tiamet vous parle :

« Je sais qui vous êtes. Je connais votre bonté, votre diversité, votre incroyable richesse. Je sais que vous avez survécu. Je sais que de grands mensonges ont été proférés.

Je sais combien le chemin était dur, combien le désespoir était profond, combien les mensonges étaient cruels. Je suis ici pour vous aider à restaurer votre être rayonnant, votre vérité et votre gloire. Vous êtes toute chose et tout être vivant, vous êtes formidable. Le Ciel est votre père, la Terre est votre mère. La mer et le feu de la Création sont vôtres. Vous êtes tout à la fois parent des étoiles et des Dragons, créature marine, habitant de la Terre et enfant de la forêt. Vous êtes la mer et le sel, le bois et la pierre. Vous êtes plus grand que les mots ne peuvent le dire.

Ces différentes parties de vous peuvent cohabiter ensemble. Nul besoin de guerre, de conflit, de reniement de ce que vous êtes. Bientôt vous parviendrez à la compréhension de la totalité de votre être, et vous saurez qu'il n'y a aucune obscurité, aucun mal en vous, seulement une vérité et un instinct justes et innocents. Croissez et ne craignez pas le fait d'être sans âge, de posséder une sagesse qui va bien au-delà de cette vie et de cette planète. Ce que vous êtes dépasse l'imagination, car vous êtes vaste, puissant et merveilleux. Moi qui suis la mère de la Terre, je vous le dis. Vous êtes moi et je suis vous. Votre capacité à devenir ce que vous êtes est réelle. Ne vous effrayez pas du pouvoir que vous ressentez. Sachez que ce pouvoir doit servir à aider, aimer et créer. Vous êtes un être galactique stupéfiant, un être terrestre sensuel, un corps et un esprit glorieux. Je suis ici pour vous faire savoir que vous êtes éternel, au-delà du temps, au-delà de l'espace, au-delà de la forme. Vous Êtes. Et vous êtes d'une grande valeur pour nous, les êtres des étoiles, de la mer et de la Terre. Nous vous soutenons et vous aimons. Pour toujours. »

À propos de Tiamet (appelée aussi Tiamat)

Au commencement était un seul être... Elle était tout et rien. Elle était la créatrice de tout et, pourtant, personne ne la connaissait. Elle était seule, mais sans elle nous n'aurions pas d'existence. C'est Tiamet, un être tout à la fois galactique, cristallin, océanique et dragonnesque. C'est notre mère primordiale, dont le corps, croyaient les Sumériens, a formé la Terre et les galaxies. Une mère de lumière toute-puissante, qui a survécu à toutes les tentatives de destruction. C'est une Atlante, incarnée sous forme galactique et angélique. Sa compréhension et sa sagesse sont profondes. Tiamet est véritablement un être d'au-delà des étoiles, et son énergie dépasse de loin l'énergie individuelle. Tirer cette carte signifie qu'on est profondément lié à elle.

Elle apparaît pour nous rappeler notre nature, les atomes dont nous sommes faits, les racines de notre existence. Par sa toute-présence, elle démontre la possibilité d'une unité réelle. Par sa destruction et sa survie, elle nous fait savoir que nous sommes éternels, que la vie est cyclique. Elle est associée à un empire galactique nommé Arkadia, une dynastie sumérienne datant de 2500 ans avant J.-C. Les Arcadiens vénèrent et respectent grandement Tiamet.

Son énergie peut être écrasante, mais cette mère forte et protectrice sait qu'on peut se recréer après une destruction apparente. Elle a donc une grande signification en ces temps de changement climatique. Elle a transmis à notre planète la construction des pyramides et des ziggourats. On dit qu'elle a été sacrifiée sur une ziggourat durant la bataille destinée à lui arracher les Tables de la destinée… Mais c'est en réalité le lieu de sa reformation et de sa recréation.

Signification divinatoire

La connaissance de la nature éternelle de l'âme. Prenez conscience du voyage de votre âme à travers le temps et l'espace, prenez conscience de la matière stellaire (galactique) et de la matière terrestre dont vous êtes fait. Une période durant laquelle on dira de vous des choses non seulement fausses, mais inspirées par la peur. Vous ferez très vite l'expérience de la reconnaissance et d'une sorte de renaissance. Vous réaliserez que vous êtes un guerrier, un être dont l'esprit ne peut être vaincu. Votre génie et votre complexité ne sauraient être décrits par des mots. Continuez à recréer votre vie à partir de cette fin apparente, qui vous semble difficile à supporter. Tout ce que vous créerez aura de la beauté, du génie, de la sagesse et de la grâce. Vous pourriez rencontrer des difficultés pour trouver à vous loger. Un bâtiment ou une demeure peut modifier vos plans. Construisez, et sachez que vos plans se réaliseront pour les générations à venir. Astrologie, astronomie, science des étoiles…

Travailler avec Tiamet

Construisez pour vous et pour les générations à venir. Méditez l'héritage que vous voulez laisser à la Terre et à vos descendants, et travaillez à partir de cette idée. Entourez-vous de gens qui partagent vos valeurs et vos idées, réfléchissez à ce que vous pouvez faire pour stopper les persécutions dont vous êtes victime. Peu importe ce qui vous arrive, peu importe le désastre ou la tragédie apparente, vous êtes assez fort pour supporter les circonstances, les transcender et vous relever. Vous êtes plus grand que ceux qui vous font du mal. Vous n'avez pas besoin de vivre dans la peur. Vous serez bientôt libre et purifié, et vous renaîtrez à vous-même. Ne sous-estimez pas votre propre force. Contentez-vous de recommencer à construire.

(Illustration : La Déesse Dragonne Tiamet, *de Jimmy Manton)*

16. Gwynne et Ellouish
Communion

Gwynne et Ellouish vous parlent d'une seule voix :

« Cher(e) ami(e), ne soyez pas surpris par la manière dont vos liens avec la Terre-Mère prennent forme dans le monde. Si vous avez des rêves prophétiques, déchiffrez-en les images, et sachez que toutes les intuitions sont dignes d'attention, les vôtres plus que toutes les autres. La magie de la Terre et votre monde intérieur vous parlent, souhaitant que vous répondiez. Faites-le en entrant en contact avec votre être profond. Nous savons que vous cherchez des réponses en vous, et que la voie que vous parcourez n'est pas facile.

Nous retournerons tous à notre Mère, la grande déesse. La Terre désire que vous reveniez à elle de façon simple et joyeuse, avec des amis et de la nourriture, du rire et de l'amour. Ne craignez pas votre être intuitif profond. Les vôtres se servent de mots nombreux pour vous décrire, apportant la confusion. La peur et le soupçon ont été semés dans leur esprit. Mais vous êtes un être magique, un mélange unique de terre, d'air, de feu et d'eau. Vous recevez des messages, et vous les entendrez exactement comme nous entendons nos pensées mutuelles, avant même qu'elles se soient exprimées en mots. En temps voulu, vous comprendrez cette manière de communiquer silencieuse et vous saurez que vous appartenez aux anciennes coutumes. Sachez que tous les êtres vivants – plantes, animaux et êtres éthériques – ont beaucoup à partager avec vous. Vous n'êtes jamais seul. »

À propos de Gwynne et d'Ellouish

Gwynne et Ellouish sont le prince et la princesse Dragons de la forêt, et ils sont en parfaite harmonie. Ils semblent très « différents » aux yeux d'autrui, mais ils sont en complète harmonie l'un avec l'autre, en dépit de leur apparence extérieure. Sur cette image, Gwynne ressemble à une belle fée, et Ellouish à un Seigneur Dragon miniature. Ellouish travaille avec les Dragons pour sauvegarder le savoir de la Terre, et pour préserver le royaume des fées des ravages et des interférences humaines. Il est le chef d'un rassemblement de Dragons qui rapportent à Gwynne ce qui se passe dans le monde. Elle a beaucoup vécu (ce qui signifie qu'elle est sans âge) et elle est aussi très sage. Ellouish ne renonce jamais et n'abandonnera jamais son peuple de Dragons, car ce sont tous des enfants de Gaïa. Gwynne et Ellouish veulent que vous sachiez que vous êtes aimé pour vos qualités uniques. Passer inaperçu n'est pas la bonne option. Cette carte est destinée à tous ceux qui souffrent sans savoir que leur souffrance vient de leur séparation avec les anciennes coutumes...

Signification divinatoire

La communication entre les êtres vivants, y compris les animaux et les êtres magiques. Une incroyable compréhension : fusion des âmes, et compréhension sans parole. Vous avez peut-être récemment découvert que vous comprenez ce que quelqu'un d'autre a à dire sans qu'il ou elle profère une parole. Augmentation de la clair-audience, capacité à recevoir des messages sonores. Développement des chakras en rapport avec l'audition. Augmentation de la sensibilité au son.

Travailler avec Gwynne et Ellouish

Faites confiance à vos rêves, à vos messages intuitifs et à vos visions. Sachez que vous recevez tout le temps des messages télépathiques. Gardez courage si les gens ne comprennent pas d'où vous viennent les informations que vous recevez. Si vos amitiés paraissent étranges à des amis plus anciens ou à des membres de votre famille, n'acceptez pas d'emblée leur jugement. Vous trouvez peut-être les animaux plus faciles à comprendre que les gens. Développez votre intuition à un niveau plus subtil, montrez-vous amical envers les animaux et les plantes, cherchez l'amour et le soutien dans la nature autant que dans le monde humain et technologique. Renoncez aux technologies inutiles. Écoutez les murmures de l'esprit et de l'âme.

(Illustration : Libellule, *de Selina Fenech)*

17. La Fée de la Nouvelle Lune

Lecture des âmes

La Fée de la Nouvelle Lune vous parle :

« Je règne sur les mythes et les rêves. Ils incarnent des vérités sous des formes compréhensibles. Je règne sur la créativité, les conteurs et les enchanteurs. Je suis l'Imagination, la Sagesse instinctive, l'Énergie archétypale. Je prends des formes qui transcendent les limites culturelles. J'adore le clair de lune, et je ne sais que trop bien que la lumière du Cristal peut signifier folie ou éveil. Je suis une étrangère étrange et enchantée, tout comme vous, et je comprends l'isolement que vous ressentez à ne pas faire partie des courants dominants. Souvenez-vous, je vous prie, que le clair de lune limite le spectre des couleurs, mais qu'il éclaire les profondeurs de la véritable essence, entre les mondes.

N'ayez pas honte de votre étrangeté ni de votre ombre. Elles peuvent être mystérieuses et magnifiques si vous les aimez, les étreignez et les revendiquez. Mais quelque chose manque : j'ai projeté une part de moi-même dont j'attends maintenant le retour. Comme pour vous, l'heure d'agir approche, où je devrai partir à la recherche de la totalité de moi-même. Mais, pour le moment, je me réconforte dans les reflets de cette mare tranquille, illuminée par les rayons de la lune. Et même dans la dentelle rude des arbres dénudés, je trouve l'espoir et la vérité.

Vous possédez également cette énergie vive et primaire. Je vous encourage à devenir pragmatique, à affronter les difficultés et la séparation, à dissoudre votre peur dans l'action, la force et l'acceptation. N'excluez pas toutefois vos craintes ni votre intuition. Ce que vous réprimez ne fait que se regrouper dans l'ombre et tire sa force du déni. Faites plutôt émerger vos peurs et laissez le Soleil briller dessus. Étreignez la totalité de votre être. Laissez tomber votre masque social : vous pouvez incorporer des capacités psychiques augmentées, malgré la difficulté de les déchiffrer avec précision. Ne désespérez pas. Vous apprendrez à interpréter votre psyché et son langage symbolique en vous exerçant, comme je le fais, dans cette mare sacrée. Même si vous ne faites pas d'efforts conscients, votre inconscient continuera à faire le travail à votre place. Vous êtes peut-être un « voyant » nocturne, aux capacités puissantes et fragiles, mais vous faites aussi partie des éléments. Les Dragons peuvent vous enseigner la force, ainsi que la sagesse pour bien les utiliser. »

À propos de la Fée de la Nouvelle Lune

Cette adorable jeune fille Dragon n'a pas de nom, car elle doit encore faire connaître la totalité de son être... Mais elle travaille à sa complétude, comme vous le faites. Votre véritable nature s'intègre dans votre être social. Cette fée languit, car elle attend que son Dragon revienne pour la compléter. Elle est dans une étape de commencement, et elle est obsédée par ce qu'elle ne possède pas encore.

Cette carte représente quelqu'un qui sent qu'une partie de son être n'est plus là, et parle de désir ardent. Cette fée est mélancolique, mais elle a de l'espoir. Elle acquerra des forces durant la prochaine lune. Elle a de puissantes visions. Cette carte indique que le consultant sera capable de se purifier et de se reposer auprès d'une belle étendue d'eau. C'est aussi une carte de connexion avec le clair de lune et avec la lumière vive et subtile du Soleil reflété.

Signification divinatoire

Vous vous sentez peut-être abandonné, comme si une part de vous-même manquait à l'appel. Cette carte peut indiquer que vous croyez à tort ne pas être aimé ou accepté par autrui. La Fée de la Nouvelle Lune vous explique qu'en réalité, c'est vous qui ne vous aimez pas et ne vous acceptez pas. C'est vous qui avez choisi d'écarter vos capacités psychiques et votre être naturel. Vos visions spirituelles sont mises en lambeaux par le déni. Le renfermement, la dépression, la boisson, la nourriture et le sommeil en excès vous servent à noyer votre voix intérieure. Des superstitions craintives, le sentiment que vos capacités ne viennent pas de Dieu. De la culpabilité concernant les capacités psychiques et les croyances. La nuit de l'âme, qui attend une clarté totale de vision. Incompréhension de la nature du travail psychique. Nostalgie, aspiration, mais inactivité. Sensation de noyade. Problèmes de mémoire. Amnésie de l'âme. Douleurs menstruelles. Rétention d'eau. Tendance à se tourner vers l'alcool, la nourriture ou d'autres substances pour noyer les messages psychiques.

Travailler avec la Fée de la Nouvelle Lune

Allez dans un coin de nature tranquille, et prenez l'engagement de pratiquer de manière régulière la méditation, la lecture de cartes et vos propres techniques de contact avec l'esprit, surtout au début de chaque cycle lunaire. Sachez que vous avez besoin des rayons de lune autant que des brillants rayons du soleil. Le clair de lune vous purifiera et vous aidera à vous équilibrer, doucement et naturellement. Ainsi, vous apprendrez à faire confiance à une part de votre âme que vous aviez égarée. Dans ce sanctuaire confiant, elle pourra revenir à vous. N'oubliez pas, rien n'est jamais perdu. Tout ce qui vous appartient authentiquement vous reviendra.

(*Illustration* : La Fée de la Nouvelle Lune, *de Jimmy Manton)*

18. Tatsouya
Courage !

Tatsouya vous parle :

« Nous passons tous par le creuset et en émergeons changés. Nous sommes encore nous-mêmes mais plus tout à fait les mêmes. À présent, c'est votre tour, et vous ne devez pas avoir peur. Car la peur ne peut que vous faire du mal, tandis que le courage, éprouvé et mis en pratique, vous montrera votre grand potentiel. Vous êtes noble, héroïque et capable de traverser cette épreuve. Cela vous changera d'une manière formidable. Vous êtes prêt ? Non ? Eh bien, repoussez la peur, et suivez-moi de toute façon. Je vous enseignerai la vérité sur la guérison des dépendances. Je vous enseignerai à faire face à ce qui vous fait peur et à le surmonter.

Vous êtes dans un processus de transformation profonde. En franchissant cette porte et en affrontant l'inconnaissable, vous rencontrerez un nouvel espoir, qui descendra sur vous avant même que vous ayez songé à en rêver. Au moment même où vous agirez, vous serez changé. Plus vous explorerez votre courage, plus vous serez surpris par votre capacité à vous transformer naturellement. Intellectuellement, vous comprenez cela. Mais votre corps hésite à accepter l'engagement requis. Faites confiance à votre courage et à son épanouissement : faites-le maintenant. Vous démarrerez ainsi un processus qui vous emmènera vers une nouvelle étape.

Votre peur masque un dilemme plus profond : ne pas être vous-même, ne pas vous connaître. Cette étape vous verra révéler vos croyances spirituelles, vivre avec intégrité, vous ouvrir émotionnellement, et devenir plus riche et plus heureux de toutes les manières. En mettant votre courage à l'épreuve, vous réduirez à néant la barrière illusoire qui vous sépare de l'amour de vous-même. Avec cette épreuve, vous apprendrez à aimer votre individualité, à guérir du conditionnement et à émerger véritablement vous-même, magnifique, prêt à vous envoler.

Passez cette porte. Il n'y a rien à craindre. Vous verrez. »

À propos de Tatsouya

Cette Dragonne audacieuse et pleine de compassion sait ce que c'est que de douter avant de reprendre confiance en son propre pouvoir. Tatsouya vous apprendra ce que c'est que d'être un « Dragon ». Son nom, en japonais, signifie littéralement « devenir dragon », et son rôle est de vous aider à traverser la forêt enchevêtrée de vos peurs, et à ouvrir la porte à la volonté, à l'intention et à la clarté dans vos objectifs. Ses flammes consument les impuretés et les toxines du doute, et ses ailes peuvent vous guider dans des paysages que vous ne pensiez jamais voir. Elle vous enseigne à adopter une plus haute perspective et à vous considérer comme un héros significatif, un rôle tout à fait à votre portée. Par-dessus tout, elle vous montre comment trouver en vous le courage de faire ce qui doit être fait.

Signification divinatoire

La Dragonne Tatsouya se montre quand le consultant explore de nouvelles options de vie : déménager, changer ses relations, se débarrasser d'une situation insatisfaisante. Cette carte apparaît à un tournant de la vie : la mort de l'ancien moi, la naissance du nouveau, le début de la créativité sous une nouvelle forme. N'oubliez pas, toutefois, que cette nouvelle forme vient de l'ancienne. Ne vous croyez pas forcé(e) de bannir ou de rejeter ce que vous étiez, car sans ces expériences, vous ne seriez pas ce que vous êtes aujourd'hui. Servez-vous de votre peur comme d'un creuset où trouver des occasions de transformation. L'esprit humain est immensément beau et créatif, comme vous le montrera Tatsouya. Vos forces vives sont plus riches que vous ne le pensez : vous êtes courageux, brave, inspiré et héroïque. C'est le moment de devenir ce que vous rêviez d'être.

Travailler avec Tatsouya

Parfois, on a l'impression qu'un seul geste suffirait à tout faire basculer, que le monde est truffé de dangers et que la situation est trop compliquée. On préférerait se retirer dans la sécurité de sa petite vie, son chez-soi, son foyer – sous les couvertures – et ne pas devoir affronter ce qui arrive. Quand Tatsouya est là, vous ressentez des bouffées de détermination et de force, vous vous sentez prêt à défier le monde. C'est comme d'avoir un ami courageux avec soi. Appelez Tatsouya et sentez votre courage revenir !

(Illustration : La Fée, *de Ravynne Phelan)*

19. La Chasseresse

Affrontez votre ombre

La Chasseresse vous parle :

« Ah ! Je sais que je rends les gens nerveux. Je me suis battue avec mon objectif, un peu comme on apprend à aimer l'obscurité pour qu'elle ait moins de pouvoir. Je suis devenue une guerrière et j'ai appris à mettre un terme à la vie. Autrefois, j'avais peur de ma capacité à chasser, à poursuivre et à moissonner ce qui m'était nécessaire. À présent, c'est à vous d'apprendre à chasser, à prendre soin de vous-même et à survivre dans l'inconnu. Vous devrez parfois mettre un terme à quelque chose car ce monde est cruel. Et ce n'est pas une vue de l'esprit. Oh, ce monde peut être dur et cruel, et il existe des gens sans intégrité qui abusent de leur pouvoir. Je change cet état de choses. Je suis faite pour être chasseresse, pour nourrir mon peuple, pour protéger les plus faibles. J'ai rejeté le masque vertueux derrière lequel tant de gens se cachent. L'amour possède de nombreuses formes : la mienne est le pouvoir et la manière juste de l'utiliser. En vous apprenant à éradiquer le mal et l'injustice de votre vie, je vous montrerai comment chasser et être puissamment indépendant. Quand quelque chose est terminé, c'est terminé. Je peux vous aider à y mettre un terme, proprement et sans cruauté. Mon épée vous donne force et habileté, elle sert à défendre.

Elle vous libère des liens et des croyances passés. Je vous aiderai à trancher les liens des énergies drainantes et à livrer la bonne bataille. Grâce à cela, vous pourrez devenir un puissant guérisseur, doté de toute la compassion qu'apporte l'empathie, sans être retenu par votre sensibilité aimante.

Chaque fois que vous recevez le don de mon épée dans un tirage, examinez les domaines de votre vie qui ont besoin d'être libérés. Mon épée vous donne l'occasion de changer votre vie. Laissez-moi vous aider et contemplez la magie divine qui résulte de l'action compatissante. »

À propos de la Chasseresse

La Chasseresse accomplit avec habileté et discrétion ce dont sa tribu a besoin. Elle est tenace et loyale envers son code de conduite. Elle a des idéaux, mais elle n'a pas peur de se salir les mains. Autrefois, elle a choisi d'être pacifique, mais elle a vu le mal qu'on faisait aux autres. À présent, elle jauge ceux qui ne respectent pas les lois de la Terre. Elle chasse et éradique ceux qui s'en prennent aux innocents. Ceux qui cherchent à faire du mal à la Licorne, aux Dragons et aux êtres magiques sont ses ennemis jurés. Elle est la rétribution karmique. Elle chasse et frappe ceux qui abusent de l'innocence, qui détruisent la nature et empoisonnent l'habitat de Gaïa. C'est une protectrice de l'environnement et une guerrière. Elle tient le compte de l'ombre et de la lumière, entre le chasseur et la proie. De ses actes de destruction, une nouvelle vie émerge, mais elle ne reste jamais pour recevoir les louanges de son travail. Elle s'en va vers le prochain lieu qui requiert son action pure et énergique.

Signification divinatoire

Il y a de nombreuses manières de réagir devant une épreuve, devant une menace envers quelque chose qu'on tient pour cher. Cette carte représente la voie de la Chasseresse, et indique que c'est la seule mesure à prendre dans ces circonstances. Détendue et vigilante, posée et prête à frapper, habile et volontaire, affichant sa puissance et sa vérité, et pourtant préparée à mettre un terme à la bataille sans verser le sang, voilà comment la Chasseresse affronte les menaces d'un être tyrannique et brutal.

Cette carte représente quelqu'un qui affirme son pouvoir et sa vérité, qui affiche son moi supérieur. Quelqu'un qui refuse de jouer le bon garçon/la bonne fille dans une situation où un être aimé et fragile est agressé et menacé. Cette carte peut aussi représenter la domination de l'ego par l'*être essentiel*, qui triomphe des pensées sombres et des luttes internes. Il n'y a pas de vertu à renier son ombre, à vouloir être « bon » tout le temps. En fait, cela peut mener au sabotage et à l'autodestruction. Il est temps de reconnaître la Chasseresse en vous et de lui permettre de faire ce qu'elle fait le mieux : réajuster l'équilibre.

Travailler avec la Chasseresse

Produire sa propre nourriture ; développer sa propre affaire ; délaisser l'approbation des autres ; définir son éthique et ses principes, vivre en conformité avec eux ; puiser dans une énergie guerrière. Refuser de prendre les mensonges pour des vérités, d'accepter les abus comme inévitables. Rééquilibrer l'injustice karmique. Prenez immédiatement des mesures pour trancher les liens qui vous rattachent à des entités énergétiques, à des gens ou à des problèmes de santé inutiles. Si vous vous sentez épuisé et manquez d'énergie, examinez les connexions métaphysiques de ces problèmes de santé et travaillez à changer votre vie. Il s'agit d'un appel au réveil. Quand vous passerez de l'autre côté, vous renaîtrez. Mais c'est à vous de décider d'être un guerrier spirituel ; il ne s'agit pas d'une mission de sauvetage pour quelqu'un d'autre ; votre rôle est de vous sauver vous-même, afin que vous puissiez plus tard sauver les autres.

Envisagez de fabriquer ou d'acquérir un bel athamé, une épée de sorcière, qui entre en résonance avec vous. Vous pourrez vous servir de cet outil puissant et magique pour diriger votre pouvoir et trancher les liens énergétiques et émotionnels…

(Illustration : Mia D'Ore*, de Ravynne Phelan)*

20. Le Pendragon
Pure énergie masculine

Le Pendragon vous parle :

« Je suis le chasseur, le sage, le père, le soutien de famille, le protecteur. Je suis celui qui veille sur son peuple et qui fait de son mieux pour sa famille. Je suis Lui, votre frère, votre père, votre mari, votre fils. Je suis une pure et puissante énergie masculine. Je suis l'amant de la déesse des Dragons. Ensemble, nous formons une unité ; séparés, nous errons et sommes facilement blessés ou même détruits. J'ai un rôle : veiller sur les autres, utiliser ma force physique et mes attributs pour protéger ceux que j'aime. Et c'est ce que je ferai. Je suis le roi, l'empereur, le dieu… et je veille sur vous. N'ayez pas peur de moi : je n'hésiterai pas à vous prendre dans mes bras pour vous serrer contre moi. Je vous aime, mais sachez que mon rôle m'amène souvent à délaisser l'amour et l'espièglerie. Faites confiance à mon comportement. Ouvrez les yeux et choisissez pour partenaire un homme viril, fort et bienveillant dans l'action. Si vous êtes un homme, alors c'est ce que vous devez devenir, un véritable héros masculin, un être de protection. Peu importent vos croyances concernant l'héroïsme, il est temps d'étreindre votre moi-héros et de devenir ce que vous êtes. Ne rabaissez pas la virilité. Respectez-nous, les hommes, pour ce que nous sommes, et nous vous montrerons notre amour. Nous ne vous laisserons pas tomber et nous veillerons sur vous. Cela ne veut pas dire que vous êtes faible ; nous vous demandons simplement de recevoir ce que nous souhaitons vous donner. Laissez-nous être forts à notre manière. Laissez-nous prendre soin de vous. Et laissez-nous vous avertir de ce qui pourrait vous faire du mal. Je vous protégerai. Je vous soutiendrai. Je construirai une maison et je poserai de la nourriture sur la table. Je la construirai de mes mains, et vous verrez de vos yeux la preuve de mes efforts.

Et je vous aimerai. C'est mon travail, et je ne vous laisserai jamais tomber. »

À propos du Pendragon

Pendragon se traduit littéralement du gallois par « Chef des Dragons ». C'était le nom de famille du roi Arthur et de son père, Uther Pendragon. L'énergie dragonnesque de ce nom est liée à la capacité à défendre, protéger, régner et faire preuve de qualités de chef. Le Pendragon est un souverain parmi les Dragons et, en tant que tel, ses responsabilités, de même que son influence, sont immenses. Mais un cœur aimant bat sous son apparence féroce. Franc et loyal par-dessus tout, c'est un amant fidèle et passionné. Le Pendragon déplace des montagnes et parcourt la Terre pour rejoindre son amour. Il fait tout ce qu'il peut pour sa descendance : au point de jeter des fondations qui les abriteront pour les années à venir.

Signification divinatoire

Cette carte représente une pure énergie masculine. En tant que telle, elle suggère des problèmes et des conditionnements qui ont à voir avec les modèles masculins de votre vie. La virilité tient une place dans votre vie quand cette carte se montre. Le Pendragon surgit aussi quand des hommes doivent affronter les responsabilités de la paternité pour la première ou la septième fois. Pour les femmes, c'est une carte révélatrice quant à leur attitude envers la masculinité telle que définie dans notre culture (qui est très liée au processus radical de la révolution !). Cette carte apparaît souvent quand on manque d'un modèle masculin dans sa vie. Renversée, elle indique que l'aspect masculin intérieur est affaibli et a besoin d'être renforcé. Soyez fort !

Travailler avec le Pendragon

Faites une liste de vos expériences positives avec les hommes et réfléchissez-y. Souvenez-vous des moments passés avec votre père, de vos rencontres avec des hommes honorables. En partant de ces exemples, laissez l'énergie masculine pénétrer davantage dans votre vie. Modifiez progressivement vos croyances parfois négatives à propos des hommes. Quand Pendragon entre, il exige que vous traitiez les hommes avec respect et honneur… Tout comme il vous traite. Vous remarquerez que les hommes indignes n'ont plus de place dans votre vie et que vous n'êtes plus attirée par eux. Pendragon se demande pourquoi vous perdiez votre temps avec des gens sans noblesse. Il ne veut pas que vous vous liiez à des hommes trompeurs, qui ont peur de leur propre pouvoir et qui profitent des membres de leur famille ou de leurs partenaires.

Demandez-vous si vous vous sentez à l'aise avec des hommes forts. Si la réponse est non, la présence de Pendragon indique que vous devez travailler le sentiment d'être privée d'autonomie quand vous êtes en compagnie d'un homme fort. Côtoyer des hommes et des femmes solides, cultiver des liens positifs avec des individus forts ne peut qu'être bénéfique pour vous. Le véritable pouvoir prend sa source à l'intérieur : votre plexus solaire vous fait peut-être mal quand votre pouvoir est diminué par vos craintes du contrôle et des figures d'autorité. Le pouvoir aimant est une chose merveilleuse. Avec puissance, clarté et droiture, Pendragon vous aidera à remplacer des modèles et des croyances obsolètes concernant les hommes et les relations par des exemples d'hommes puissants, aimants et affectueux qui aiment l'engagement, les enfants et, par-dessus tout, vous aiment vous.

(Illustration : Cernunnos, *de Ravynne Phelan)*

21. Celle-qui-écoute

Silence sacré

Celle-qui-écoute vous parle :

« Je ne disposais pas de l'espace, du calme ni de la paix nécessaires pour murmurer mes secrets à votre âme, et qu'avez-vous manqué ? De quoi pourriez-vous prendre conscience si vous restiez tout simplement immobile et silencieux ? Le monde entier peut se faire entendre en un instant... C'est à votre tour, à présent, d'écouter en silence. Prenez le temps de comprendre ce que vous entendez. Écoutez de tout votre être, pas seulement avec vos oreilles. Laissez vos sens être les messagers de votre âme. Parfois, le calme et l'écoute sont nécessaires. Le calme avant tout. Tant de gens parlent tout le temps. Ce bavardage remplit tout l'espace et noie les messages. Les Dragons ne critiquent pas la conversation, les dialogues sérieux, le joyeux chahut d'amis qui se parlent, ni les chants... surtout quand les voix s'élèvent joyeusement pour célébrer la bonne humeur ! Cette carte parle de moments où il vous faut écouter en silence car le monde vous chuchote ses secrets. Il serait dommage de faire tant de bruit que les signes et les messages en seraient noyés. Alors restez tranquille et silencieux. Préparez-vous à recevoir des messages subtils et magiques. »

À propos de Celle-qui-écoute

Cette belle Dragonne incarne l'immobilité et le silence sacré. Elle échappe à l'agitation des zones urbaines et industrielles, et se réfugie dans la nature, où l'âme peut parler – *et être entendue*. Elle a appris à écouter et à repousser le stress, l'effervescence sociale, le bruit qui noie le sens des mots. Selon Shakespeare, le bavardage n'est souvent qu'une « fable pleine de bruit et de fureur, racontée par un idiot, et qui ne signifie rien ». Vous feriez bien de rechercher le conseil de la nature, de reposer dans un tranquille bois intérieur. Quand votre âme vous parle, écoutez et mettez-vous en accord avec vous-même. Agissez à partir de ce lieu intègre. Celle-qui-écoute ne ressent pas le besoin de raconter tout ce qu'elle a entendu. En réalité, elle se contente d'agir sans tambour ni trompette, de permettre à ses rêves de se réaliser, de suivre les conseils reçus sans en épuiser l'énergie. Elle est calme et silencieuse. Mais ses actions sont puissantes et significatives, car elles prennent leur source dans un lieu d'énergie pure et tranquille. À elle, la clairière paisible, la soudaine vérité de l'âme. C'est dans ce lieu que reposent la sagesse et le plaisir.

Signification divinatoire

Une période de paix et de calme, un espace tranquille où le bruit environnant diminue. Vous souffrez peut-être d'une sensibilité accrue au bruit, vous trouvez difficile de méditer et de réfléchir, de décider de la meilleure conduite à tenir, à cause d'interruptions et de distractions constantes. Une chose après l'autre réclame votre attention, et votre désir d'un moment de calme pour méditer apparaît comme un rêve impossible.

Travailler avec Celle-qui-écoute

La méditation, les retraites, les voyages de l'âme et la thérapie sont recommandés. Mais le plus important est de créer un espace dans lequel vous communierez avec votre âme. De la musique apaisante, des CD de méditation ou de bruits de la nature vous feront le plus grand bien. Un besoin de vous réfugier loin du bruit, de chercher un lieu tranquille dans lequel écouter les messages de votre esprit.

(Illustration : Le Secret du Phoenix, *de Ravynne Phelan)*

22. La Morrighan
Agissez

La Morrighan vous parle :

« Je vois que les événements se précipitent : il s'agit d'une période de changements rapides. Si rapides que vous aimeriez ralentir un peu. Toutefois, je vous annonce que le moment est venu d'agir. La procrastination et l'hésitation sont vos ennemis, en ce moment. Mais je peux vous guider et vous aider à choisir votre chemin dans le champ de mines qui s'étend devant vous. C'est une période d'épreuve et d'obscurité, mais vous grandirez en la traversant. Prenez garde ! Si vous refusez d'exploiter vos capacités, si vous vous bloquez devant le chemin à accomplir, ces changements surviendront très rapidement, car ils attendaient un signal pour advenir. Ils sont radicaux, mais c'est pour ne pas être longs et épuisants. À dire vrai, vous êtes prêt. Prenez votre envol, et sachez qu'en vous engageant avec sérieux et intégrité dans cette voie, vous irez à la rencontre de la justice.

Ne cédez pas à la panique, ne fuyez pas. Le moment est venu. C'est maintenant ou jamais.

Vous vous êtes déjà torturé avec un million de pensées. Vous ne pouvez éviter de changer, car vos cellules se renouvellent chaque jour. Tout ce que vous avez à faire est d'inspirer et d'expirer pour que ces changements se mettent en place. Vous confondez l'immobilité avec la sécurité, mais il n'y a rien à craindre et tout à gagner. Renoncez à vos craintes, à votre statut de victime et à vos chagrins mesquins, et mettez-vous en route avec mon corbeau et moi. Nous traverserons l'ombre des bois et émergerons de l'autre côté... changés, transformés et puissants. »

À propos de la Morrighan

La Morrighan est une ancienne déesse Dragon celtique de mort et de transformation. Elle donne non seulement aux guerriers des prémonitions sur leur mort, afin qu'ils s'y préparent, mais elle leur facilite aussi le passage de l'autre côté. Elle règne par conséquent sur les transitions entre les vies successives, ainsi que sur les transitions dans l'inconnu, dans l'alchimie de la magie, au-delà de la peur, là où l'on peut se montrer tel qu'on est. Triple Déesse Dragonne, elle est juste, féroce et sans aucune malice. C'est une guide, une enseignante directe et parfois abrupte. Rassemblez vos forces et préparez-vous à un profond changement quand elle apparaît. Ne cédez pas à la peur et sachez que la destinée vous donne l'occasion de faire la preuve de votre courage.

Signification divinatoire

Un tournant dans votre vie exige que vous agissiez. Reculer et tenter de l'éviter ne serviraient à rien. La Morrighan vous incite à agir et à affronter vos peurs. Votre transformation vous apportera une grande force et une grande sagesse. Vous abandonner à l'effroi, à la solitude ou à l'hésitation ne vous mènerait qu'à l'égarement. Suivez le conseil de la Morrighan. Elle vous accompagnera et vous aidera à découvrir en vous des forces que vous ne soupçonniez pas. Tracez des limites et appropriez-vous votre espace. La Morrighan symbolise les transitions et les rites de passages, la naissance, la mort, le changement physique. Elle représente aussi les liens spirituels avec des proches décédés.

Travailler avec la Morrighan

Affrontez les problèmes plutôt que de les éviter. Confrontez-vous à l'injustice et changez les règles qui vous entravent. Libérez-vous d'un travail ou d'un projet stagnant, de relations qui n'offrent plus de vie. Adoptez une voie plus spirituelle, et apprenez à utiliser vos capacités à créer le changement. Débarrassez-vous de la peur de votre propre pouvoir. Invoquez les lois naturelles, sans perdre de vue que vous agissez avec intégrité. Dons de médium.

(Illustration : La Morrighan, *pour Amanda, de Ravynne Phelan)*

23. Les Amants à la fête
Alimentation consciente et éclairée

Les Amants à la fête vous parlent :

« Les Dragons et les déesses vont envoient un message fort : prenez en main votre guérison. Il ne s'agit pas de rejeter les pratiques médicales occidentales traditionnelles mais d'examiner les composantes alimentaires qui compromettent votre santé. Une nourriture saine, à base d'ingrédients complets, frais et biologiques, vous sera très bénéfique. Vous guérirez en explorant ce type d'approche médicale. La nourriture possède des qualités magiques, c'est un grand guérisseur. Étudiez quels sont les aliments qui pourraient correspondre à vos besoins du moment. Le temps que vous passez à préparer de tels aliments fera croître votre propre estime de vous-même et, bouclant la boucle, améliorera votre énergie, votre vitalité, votre stabilité émotionnelle, votre sommeil et votre humeur. Des aliments chauds vous seront particulièrement bénéfiques. Si vous prenez soin de vous, le reste suivra. Montrez l'exemple quant à la manière dont vous voulez être traité, en vous traitant vous-même avec amour et respect, et en donnant de solides fondations à votre santé. Plus votre corps sera fort, plus l'esprit pourra descendre en vous, car vous serez pour lui un véhicule sain. Partager vos repas avec vos proches vous fera aussi beaucoup de bien. Regardez-les droit dans les yeux, tandis que vous mangez, et faites-leur part de ce qui doit être dit. Observez ensuite les miracles se produire.

Nous pensons que votre alimentation ne vous soutient pas actuellement, et que vous ne choisissez pas l'énergie appropriée à la création avisée de votre vie. Examinez vos habitudes : abusez-vous de la nourriture, mangez-vous des quantités excessives de chocolat, de produits laitiers, d'aliments chargés de toxines ? On résiste parfois à l'idée que l'alimentation peut être médicinale. Prenez des mesures pour vous informer sur les aliments qui conviennent le mieux à votre corps.

Après la famine, la fête arrive. Après une période de solitude et de souci concernant la pénurie, on éprouve une joie renouvelée à la pensée que cette magnifique planète, Gaïa, pourvoit amplement à nos besoins. »

À propos des Amants à la fête

Combien de fois avons-nous été guidés à la table du festin et nous sommes-nous détournés de ces bénédictions en prétendant qu'il n'y avait là rien pour nous ? Voici que les Amants à la fête sont de retour dans un environnement rempli d'amour, où ils mangeront à satiété et profiteront de leur amour mutuel et de l'abondance de Gaïa. Ce festin est la bénédiction de la planète, son abondance, le soin qu'elle prend de besoins souvent niés. Les amants ont bouclé la boucle. Après une période de manque, ils prennent soin l'un de l'autre, mangent sainement et aiment la planète qui leur offre ce festin béni. Ils ont enfin compris qu'on pourvoit toujours à leurs besoins et qu'ils sont véritablement aimés.

Signification divinatoire

Une période de bonheur et de bien-être après un temps de vaches maigres. Alimentation saine et abondante. Nécessité de comprendre que la nourriture est énergie, que cette énergie nourrit le corps, se prolonge dans le champ énergétique et influence la vie. Cette carte indique qu'on ne doit pas seulement manger avec plaisir, mais avec la compréhension du pouvoir de guérison des aliments. La nourriture est un médicament, elle peut guérir ou faire du mal. Choisissez la vie.

Travailler avec les Amants à la fête

Mangez sainement, avec vos proches, votre famille et vos amis. Le moment de changer de régime. Revenez à des aliments de saison frais et délicieux, crus ou cuits doucement. Prenez conscience que ce que vous mettez dans votre bouche fera partie de vous et de votre énergie : examinez ce que vous mangez. Mangez en quantité et en qualité. Veillez à ce que vos aliments aient beaucoup de *chi* – d'énergie et de force vitale.

(Illustration : Les Amants à la fête*, de Jimmy Manton)*

24. Andelle
Flux d'émotions

Andelle vous parle :

« Les gens s'imaginent toujours que nous, les Dragons, avons des pouvoirs spéciaux qui nous immunisent contre la tristesse. Ce n'est pas le cas. De temps en temps, ma tristesse déborde. Durant ces moments, je retourne vers l'eau pour communier avec sa sagesse, me sentir calmée, apaisée et rafraîchie. Je comprends qu'il y a de la tristesse en vous. Votre force ne reviendra que dans quelque temps. Cette tristesse réside dans les chakras du cœur et du plexus solaire. Elle vous donne un peu l'impression d'avoir avalé une grosse pierre qui pèse sur la douceur de votre être. Allez vers une étendue d'eau (ce peut être un bain, un lac, une rivière, un étang, une mare ou même le majestueux océan) et vous serez apaisé. Tout comme l'eau prend les caractéristiques de son environnement, les Dragons aquatiques viendront à vous pour dissoudre la tristesse qui pèse si lourdement sur vous. Laissez couler vos larmes, c'est la meilleure manière de réduire les hormones de stress. Pleurer vous aidera à vous sentir plus léger et plus doux. Prenez des mesures pour vous protéger et vous apaiser, et sachez que les esprits de l'eau sont vos alliés. Alors autorisez-vous à verser des larmes, baignez-vous dans les eaux de la Grande Déesse, et buvez beaucoup d'eau pure. Notez combien cet élément est apaisant pour vous. Je le sais, car je viens de l'eau. Ma tristesse passera et le flux de la vie reprendra le dessus. Je me laisserai emporter par lui, et je me sentirai de nouveau heureuse et en paix. L'eau est une véritable bénédiction, et je rends grâce pour sa présence dans ma vie. Votre vie tourbillonne et s'étend comme l'eau... Continuez d'avancer pour éviter la stagnation de la tristesse. Vous possédez une grande sensibilité et vous la garderez votre vie entière. Cependant, la manière dont vous vous servez de ce don peut vous causer du chagrin ou du plaisir. Aujourd'hui, laissez votre sensibilité s'étaler comme le fait l'eau. »

À propos d'Andelle

Andelle est une Dragonne sylphide : son cœur est ouvert et elle ressent fortement les choses. Douée d'empathie naturelle, elle communie profondément avec autrui et en retire parfois de la tristesse. Mais elle pleure surtout sur la manière dont nous nous faisons du mal les uns aux autres. Il n'est pas nécessaire, selon elle, que les êtres humains ressentent si fortement le manque et le chagrin. La sensibilité est un don. Andelle vous le démontre en vous laissant voir combien sa tristesse et ses larmes la purifient. On la prend souvent pour un ange, car sa présence est d'une grande douceur et d'une grande lumière. Elle aide ceux qui n'ont pas pleuré depuis des années à libérer leur peine, dans un adoucissement général des émotions. Elle est très gentille et délicate. C'est une vraie Dragonne, fragile, précieuse et, en même temps, dotée d'une forte volonté d'aider les autres. Aidez-la en libérant vos larmes, en acceptant le don de l'eau, et en laissant la vie s'écouler naturellement.

Signification divinatoire

Des sentiments de tristesse, des difficultés à exprimer les émotions devant autrui. Jugement négatif et déni des émotions. Refus de pleurer. Manque d'eau pure. Déshydratation. Sécheresse de la vie. Idée que les larmes et les émotions sont une preuve de faiblesse. Apprendre à lâcher prise. Besoin d'entrer en contact avec l'élément eau. Sentiment d'être frappé, d'être mal jugé. Un ami proche vous fournira aide et soutien.

Travailler avec Andelle

Vous saurez qu'Andelle est là quand vous ressentirez le besoin de pleurer, de laisser couler vos larmes. Après l'avoir fait, vous vous sentirez plus léger, plus ouvert et beaucoup plus détendu. Laissez Andelle vous guider vers une étendue d'eau sacrée (même si ce n'est que votre baignoire), et vous sentirez vos chagrins et vos peines se dissoudre. Andelle vous aidera comme une mère baigne son enfant et s'occupe de ses bobos. Car vous êtes l'enfant d'Andelle, son âme sœur bien-aimée. Elle a de l'affection pour vous. Votre sensibilité à la douleur est utile au monde et avec le temps cette bénédiction aura moins l'air d'une malédiction… Ne vous figez pas dans votre chagrin : exprimez-le doucement et épanchez-vous. Andelle est un être d'une douceur exquise, son énergie est profondément apaisante et bénéfique. Elle vous aidera à accepter votre nature émotive, à ne pas vous sentir submergé par vos propres sentiments.

(Illustration : Andelle, *de Jimmy Manton)*

25. La Dame des Nouveaux Bourgeons

Nourrissez la tendresse

La Dame des Nouveaux Bourgeons vous parle :

« Vous voyez comme le jardin pousse autour de moi ? Vous voyez comme mes enfants, les bourgeons chéris, réclament mon attention ? Ils pleurent la nuit et peuvent être si touchants le jour ! Je dois les protéger de la froideur et les garder en sécurité jusqu'à ce qu'ils soient assez grands pour produire des branches… Même alors, mon œil vigilant ne les quittera pas.

Tant de gens admirent la beauté et ne comprennent pas qu'elle vient d'un sol riche et argileux. L'eau répandue par les Dragons, les minéraux des royaumes naturels, la lumière du Soleil et les rayons cristallins de la Lune ont oint mon jardin de leurs bienfaits.

Et puis il y a moi. Tant de gens regardent mon jardin et s'interrogent sans voir le travail et les soins qui lui ont donné le jour ! La beauté de mon domaine résulte de l'amour, de la croissance naturelle, du soin et de l'attention portés à chacun de ses habitants. Quand les graines font place aux pousses, prenez le temps de vous occuper de votre jardin. Recrutez des gens qui vous ressemblent pour vous aider. Et tout comme vous ne nourrissez pas ces tendres bourgeons de poisons et de polluants, ne nourrissez pas les idées et les énergies de ceux qui ne sont pas intègres. Restez fidèle à votre vision. Prenez un peu de temps chaque jour pour jardiner, qu'il s'agisse d'amour, d'idées, d'enfants ou d'entreprises innovantes. Aidez-les jusqu'à ce qu'ils soient assez robustes pour pouvoir développer leur propre énergie. Pour l'instant, c'est l'époque de la tendresse, celle où les bourgeons sont encore menacés par le gel, le rejet, le poison du jugement, l'étouffement de la cruauté. Soyez vigilant et vous aurez un jardin que tous aimeront et loueront. Nombreux sont ceux qui vous trouveront chanceux d'avoir créé un tel éden, et ils ne verront pas les soins que vous y avez apportés. Mais moi, je les ai vus. J'ai tout vu. »

À propos de la Dame des Nouveaux Bourgeons

Cette Dragonne s'occupe de la croissance, y compris de la vôtre. Murmurez-lui vos rêves et vos espoirs, plantez vos graines et regardez-les pousser. Chaque jour, elle arrose ses plantes, enlève le bois mort et veille à ce que le sol soit riche et fertile. Commencez par le b.a.-ba. et vous ferez aussi une merveilleuse expérience. La Dame des Nouveaux bourgeons vous inspirera de l'affection pour des projets en bourgeon, des amours et des responsabilités. Vous ferez ainsi pousser un jardin secret ou public, qui donnera toujours plus de beauté au monde. Vous saurez que s'occuper de tendres bourgeons apporte la joie des sens, une beauté durable, un trésor que Gaïa chérit.

Signification divinatoire

Une affinité avec les fleurs et les jardins. Des projets qui nécessitent des soins. Prêtez attention chaque jour à de petits détails, les grands projets se réaliseront d'eux-mêmes. Résister au changement, c'est résister à la vie elle-même. Regardez la nature. La graine ne reste pas une graine. Les pousses sortent. L'arbre semble n'avoir aucun rapport avec son origine. En vous cramponnant à l'idée que vous vous faites de vous-même, vous risquez de renier votre force vitale. Le changement est positif. L'immobilité agit comme une période de repos. En tant que choix de vie, elle peut conduire à une mort lente.

L'émergence viendra en temps voulu, car le bourgeon fleurira un jour ou l'autre. Ne vous laissez pas dépérir dans l'œuf. Une orientation divine nécessite application pratique et travail. L'action combinée à l'inspiration crée un magnifique paradis. Travaillez dur à ce que vous aimez.

Travailler avec la Dame des Nouveaux Bourgeons

Herboristerie, lectures de fleurs, culture d'un jardin aux vertus magiques et symboliques, établissement d'une routine pour soutenir de nouveaux projets, essences florales, huiles essentielles. Acceptez les compliments pour un dur travail, sachez que vos efforts ont porté leurs fruits, comprenez que vous avez mis votre force de réalisation au service d'une œuvre magnifique.

(Illustration : La Dame des Nouveaux Bourgeons*, de Jimmy Manton)*

26. Pellinor et la Dame

Un adieu doux-amer

Pellinor et la Dame vous parlent :

« Nous nous disons adieu et nos cœurs se brisent. Nous ignorons ce qui gît devant nous. Nous savons seulement que nous devons nous séparer, car celui que nous aimons de tout notre cœur doit accomplir sa mission. Nous ressentons de la tristesse et, en même temps, de la joie, car nous avons connu ensemble une douceur, à laquelle peu d'êtres peuvent prétendre dans ce monde. Nous voudrions rester ensemble et il nous est difficile de rendre grâce pour le temps que nous avons eu. Car même si c'était un millier d'années, ce serait encore trop court. Nos âmes se sont promis de se réunir. Dorénavant, vous aussi devrez aller seul. Un jour, vous serez de nouveau réunis. Mais quand cela sera reste une inconnue. Douce-amère est la douleur de notre cœur, mais heureux sommes-nous d'avoir aimé. »

À propos de Pellinor et la Dame

Ces amoureux, qui changent de forme à volonté, se séparent car ils ont des tâches à accomplir chacun de leur côté. Certaines de ces tâches sont karmiques. Lui, le chevalier, doit continuer son voyage, tandis qu'elle, la prêtresse, doit retourner à son cercle. Ils seront de nouveau réunis, mais ils ne savent pas si ce sera dans cette vie ou dans une autre.

Ils doivent croire en leur amour et se concentrer sur leur mission. Ils ont un rôle à jouer dans la vie, qui requiert leur engagement. Alors dites-vous adieu et n'oubliez pas : heureuse réunion, heureuse séparation, heureuses retrouvailles.

Signification divinatoire

C'est la carte des amoureux qui trouvent difficile de se quitter, même pour un instant, la carte des amis solitaires quand ils ne sont pas en compagnie les uns des autres, la carte des compagnons de vie dont les chemins se séparent pour un temps. La séparation est difficile et douce-amère car il y a beaucoup d'amour.

Note sur ces amants qui font à la fois rêver et soupirer : cette carte peut signifier la réunion des amoureux, mais elle peut aussi vouloir dire qu'une part de votre âme vous manque. La nostalgie que vous ressentez envers un certain type de relations est simplement la nostalgie d'une part de vous-même vue dans le miroir d'autrui. Il est peut-être temps de retrouver et de nourrir cette âme, plutôt que de vous reposer sur autrui pour la ramener à la vie.

Pellinor et la Dame sont follement amoureux l'un de l'autre, ils font partie l'un de l'autre et sont faits pour être ensemble. Mais pour le moment ils ne peuvent entretenir la relation qu'ils désirent si profondément. Ils se disent au revoir. Il y a de la douceur et de la douleur dans cette séparation qu'aucun d'eux ne souhaite. Cette carte signifie une séparation, mais aussi beaucoup d'espoir.

Travailler avec Pellinor et la Dame

Votre temps ensemble sera tempéré de périodes de nécessaire séparation. On rencontre parfois des individus charismatiques qu'on « perd » presque immédiatement, en apparence. Mais rien n'est perdu. La situation est parfaite, et la tristesse de la séparation est équilibrée par la joie des retrouvailles avec l'âme sœur. Ces deux-là souffrent d'un amour véritable, profondément romantique.

(Illustration : Âmes sœurs, *de Selina Fenech)*

27. Chengang
Ayez le cœur léger

Chengang vous parle :

« Je suis un Dragon, un être de rires fréquents et d'études sérieuses. Je sais quand mettre mon travail et ma mission de côté, et quand jouer, rire et aimer. Je sais l'importance de se consacrer à une période de jeu qui apaise et guérit le cœur, qui soulage la lourdeur des jours. Savez-vous faire cela ? Ou bien vous prenez-vous trop au sérieux ? L'équilibre parfait doit être trouvé entre les affaires sérieuses et la légèreté de cœur. La Terre et les étoiles sont nécessaires à tous, car nous sommes des êtres galactiques. Votre espoir et votre optimisme sont vitaux en ce moment. Reprenez courage, car la joie et le plaisir sont avec vous.

Vous êtes sur le point de faire l'expérience d'un véritable basculement. Vous allez maîtriser la conscience magique, penser magiquement. Vos pensées et votre être se manifestent à tout moment en vous : vous allez devenir l'être magique au cœur délicieusement léger que vous étiez destiné à être, une brillante étoile dont la lumière transformera tout ce qu'elle touche comme par magie. Vous irradierez la lumière, votre corps sera inondé d'énergie de guérison, de vie neuve et fraîche. La force de votre expérience et de vos amitiés vous fera danser en l'air, et un doux zéphyr vous poussera dans la direction de vos rêves.

Portez du violet, la couleur divine. Vous volez, poussé par la conviction que vos pouvoirs magiques peuvent faire de votre vie un espoir délicieux, et vous soutenez vos compagnons avec une énergie vibrante. C'est en rayonnant que l'on devient ce que l'on était destiné à être et que l'on encourage autrui à faire de même. Débarrassez-vous du poids du châtiment, de la culpabilité et des croyances inutiles. Vous pouvez entrer au paradis, car vous avez le cœur léger et vous êtes un vrai guérisseur.

Vous êtes un exemple puissant pour les autres : votre confiance en vous vous a donné le pouvoir de guérison, et votre regard objectif vous apporte de la joie. Poursuivez cette œuvre merveilleuse. Il vous reste beaucoup à vivre durant ce voyage. L'énergie stellaire est maintenant votre inspiration et votre compagne. »

À propos de Chengang

Le Seigneur Dragon Chengang fait office de passerelle entre les systèmes de pensée occidentaux et orientaux. À la fois enseignant et étudiant, il possède un robuste sens de l'humour ! Il adore manger, jouer avec les enfants et converser avec des gens de tous horizons. Il traite des sujets les plus sérieux avec grâce, légèreté et une délicieuse lueur dans l'œil. Il sait quand prendre du bon temps, et il vous encourage à le faire. Ne croyez pas un seul instant prendre ainsi le risque de vous faire moins respecter. En dépit de son amour de la plaisanterie et de la bonne chère, ce Seigneur Dragon est un brillant philosophe, un amant passionné et un guerrier à la noblesse authentique.

Signification divinatoire

Vous réfléchissez peut-être à des sujets hautement ésotériques, comme la guérison par l'astrologie, le *channeling* par le reiki ou le contact avec les Pléiades. Vous êtes utile et brillant(e) sur le plan terrestre. La béatitude règne en vous et autour de vous, votre corps est équilibré et entier - matériau parfait pour l'expression du divin. Rayonnez et éclairez nos vies avec votre énergie imprévisible et votre danse cosmique.

Réjouissez-vous. Le dieu et la déesse adorent que vous dansiez sous les étoiles. Faites un vœu quand vous les voyez : votre patrie est peut-être sur l'une d'elles. Si cette carte vous donne l'impression d'exprimer l'énergie bloquée d'une partie de vous-même, alors vous êtes peut-être en train de refuser ces bénédictions. En se concentrant sur la noirceur des choses, on fait l'expérience du pessimisme. Cette tendance n'est que l'incapacité à reconnaître l'utilité de la différence qui contribue à l'équilibre. C'est l'obscurité qui donne leur éclat aux planètes, aux étoiles et à l'univers. Méfiance envers la différence, les autres royaumes, les sujets spirituels.

Travailler avec Chengang

Cette carte d'un optimisme joyeux est liée aux enseignements de votre vie. Après avoir assimilé une dernière leçon et passé une étape importante, vous allez faire l'expérience de la joie et célébrer votre initiation à la vie magique. Votre rire et votre bonheur ressemblent à de beaux Dragons qui dansent dans les nuages et embrassent les étoiles. Ce sont ces dernières qui éclairent le ciel, nous inspirent et guident notre navigation, c'est leur lueur miroitante qui nous indique notre véritable destination. Cette œuvre divine apporte la joie sans exiger d'efforts. Ayez le cœur léger !

(Illustration : Chengang, *de Jimmy Manton)*

28. Drystan

Scrutez la surface des choses

Drystan vous parle :

« Ne vous laissez pas distraire – ne croyez pas à cette comédie ! Tous mes artifices ne servent qu'à dissimuler la vérité que vous ne voulez pas voir. Je dis toujours la vérité ; c'est simplement que vous ne voulez pas l'entendre. Je vous ai montré qui je suis, vous avez seulement choisi de ne pas le voir. Les indices sont éparpillés autour de vous… Mais vous avez décidé de ne pas remarquer leur présence. J'entraîne les gens dans des comportements qui révèlent leur ombre et ils me condamnent pour cela. Mais je leur enseigne quelque chose, car ils se connaissent ainsi en totalité et apprennent la compassion envers autrui. Certains voudraient que je sois un ange, mais je n'ai jamais appartenu aux cieux. Je ne l'ai d'ailleurs jamais prétendu. Je suis illusion. Par-dessus tout, je suis *votre* illusion. Scrutez mon apparence, arrachez-moi mon masque, et affrontez les circonstances dans lesquelles vous vous trouvez. Vous dites que je vous ai fait du mal, mais je vous ai enseigné à suivre votre propre voie. »

À propos de Drystan

Ce Dragon n'est pas un mauvais garçon qui vous trompe et vous roule dans la farine pour mieux arriver à ses fins et vous laisser ensuite tomber de manière spectaculaire. C'est un seigneur de la cour : c'est un politicien charmant, intelligent et une fripouille. Vous avez toujours su qu'il y avait quelque chose de louche dans cette situation. Il était si sincère en disant ne vous avoir jamais menti. Malgré ses manipulations et sa fausseté, il est donc aussi étrangement honnête. Il y a là un charme presque irrésistible. C'est le *showbiz*, les mensonges étincelants et ensorcelants, qui se révèlent dépourvus de toute substance. Et pourtant, Drystan ne vous laisse pas les mains vides, car vous n'aurez pas besoin d'apprendre deux fois cette leçon. Vous ne devez pas lui faire de reproches. Il incarne la fantaisie que nous recherchons tous, la nature illusoire de nos désirs.

Signification divinatoire

C'est la carte d'un être qui ne prétend pas à la vertu. Ses mots et ses actes révèlent ses intentions. Attiré par son charme et son charisme, vous espérez qu'il sera un vrai héros pour vous (incognito, bien sûr !). Quand cette carte apparaît, vous vous êtes probablement persuadé que quelqu'un va changer et que ce qui a mal tourné jusque-là n'était que le fait du hasard. Si vous avez cru à des paroles contredites par des actes, si vous avez choisi de placer votre confiance en quelqu'un qui vous a déjà laissé tomber, vous devez reconnaître que c'est vous qui vous mettez en danger, du point de vue émotionnel ou professionnel. Pour dépasser ce dilemme, appréciez les charmeurs pour ce qu'ils sont mais refusez de vous impliquer à un niveau plus profond. Cette carte indique une tendance à tomber amoureux de personnes charmantes et non disponibles. Elle attire l'attention sur le désir de vivre artificiellement. Elle révèle une attirance vers le glamour, le culte des stars et des célébrités. Quand Drystan s'avance, des comportements clandestins, des tours de passe-passe et des liaisons secrètes sont dévoilés. Scrutez la surface des choses, ne vous laissez pas tromper par les apparences.

Travailler avec Drystan

Servez-vous de votre bon sens et faites de vos besoins et de vos désirs une priorité. Si quelqu'un vous signifie, en mots ou en actes, qu'il n'est pas digne de confiance et qu'il y a trop de contradictions, croyez-le. Profitez du spectacle, mais ne vous impliquez pas. Explorez votre vérité, votre histoire, et scrutez la surface des choses.

(Illustration : Le Farceur, *de Ravynne Phelan)*

29. Brigid
Nous ne faisons qu'un

Brigid vous parle :

« Nous sommes la Fée et le Dragon. Nous sommes de la lignée des anciens, des chercheurs d'étoiles, et nous sommes indivisibles. Pourtant, chacun de nous opère avec sa magie propre. Nous sommes des êtres enchantés mais pragmatiques. Nous sommes les mères, les filles, les pères et les fils. Vous êtes la femme sage et âgée, la vierge, l'innocente au pied léger, la mère courageuse qui donne le jour. Nous sommes nés dans le sang et nous véhiculons le sang de nos ancêtres. Nos sangs se sont mêlés de nombreuses fois, et ceux d'entre nous qui cherchent à se distinguer les uns des autres ignorent la vérité. Je suis Un. Vous êtes Moi. Je suis Vous. Nous ne faisons qu'Un. C'est la vérité de la nature.

Découvrez la magie du savoir. Reconnaissez que ce dont vous avez peur réside dans les battements du sang de votre cœur. C'est la manière de vaincre la peur, l'ignorance et la séparation avec la Mère. Vous êtes Elle. Elle est Vous. Elle est en vous et y demeurera pour toujours. Il n'existe rien au-delà d'elle, et la renier serait vous renier vous-même.

Je suis un Dragon. Je suis une Fée. Je suis une déesse. Je suis humaine. J'existe en tout, et tout existe en moi, comme tout existe en vous. Comprenez-le et cessez de rechercher la séparation. »

À propos de Brigid

Brigid est la Mère de tout, la triple déesse celtique de la forge, de la naissance, du foyer et de la maison, de l'eau et des puits sacrés. Transformée par l'Église en une sainte chrétienne, elle a précédé son homologue d'environ 4000 ans. C'est une source vive de gentillesse et de force. Elle porte une épée et est la patronne de ceux qui luttent pour renaître. Cramponnez-vous à l'espoir et sachez que tous les êtres endurent cette expérience... Cette période en sera facilitée. Rassurez-vous, elle ne durera pas. Ne luttez pas, parce que la lumière est en vue. Très vite, vous serez en sécurité, bien au chaud. Vous serez soulagé d'avoir connu les difficultés actuelles.

Signification divinatoire

Trouvez des zones de convergence entre vous et quelqu'un de très différent. Comprenez qu'agir fait partie de la nature humaine. Surmontez les peurs issues du conditionnement. Acceptez la vérité de l'autre, ayez de la compassion et du respect pour la différence, comprenez la vérité des âmes, leur grand amour. Il est question d'enfants et de problèmes de mère quand cette carte fait sa gracieuse apparition.

Travailler avec Brigid

Servez-vous de bougies, de feu et gardez la lumière dans votre vie. Réduisez la lumière artificielle et laissez entrer la lumière du soleil, le clair de lune, la lumière des étoiles. Luttez pour la justice, car Brigid veille à ce que le bien triomphe. Faites une offrande à un cours d'eau (ou à la mer, un lac, un puits…).

(Illustration : Brigid, *de Ravynne Phelan)*

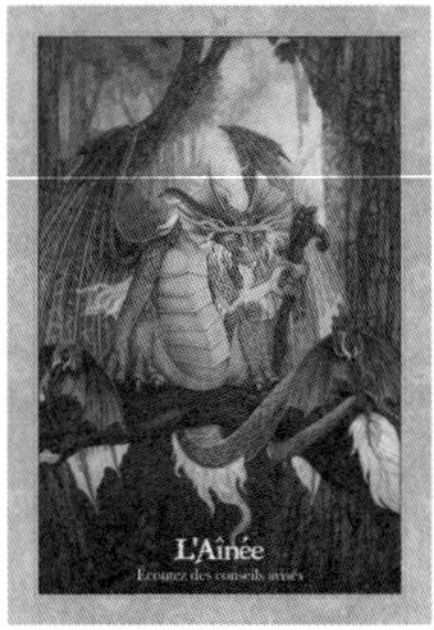

30. L'Aînée

Écoutez des conseils avisés

L'Aînée vous parle :

« Les gens s'attendent à ce que leurs guides et leurs enseignants aient une apparence douce et gentille. Je ne suis ni l'un ni l'autre. Je suis sévère et sérieuse, car vous courez le danger d'oublier ce qui vous a été enseigné. Je me demande si vous avez l'engagement nécessaire pour mener à bien les tâches dont vous vous êtes chargé. Les mots "oui, je le ferai" sont simples. Mais enseigner signifie transmettre une sagesse sans prix. Nombreux sont ceux qui ignorent cette leçon, et le développement de la planète tout entière en est entravé.

Les difficultés dans lesquelles vous vous êtes mis m'impatientent, pardonnez-moi. En outre, je vois que vous pourriez y retomber. Vous devez le comprendre car vous avez déjà beaucoup appris. Ce que nous désirons maintenant, c'est que vous ayez le courage de vivre avec sagesse plutôt que dans une peur qui vous ferait oublier tout ce que vous avez appris. Je vous ai déjà rencontré, et vous et moi avons déjà beaucoup appris. Laissez-moi vous dire ceci : si vous choisissez de vous comporter comme si vous ne saviez rien de Sa sagesse, si vous vous comportez en aveugle et en sourd, alors vous souffrirez de nouveau d'une douleur inutile !

Suivez donc mes conseils et apprenez la leçon à laquelle vous avez déjà travaillé. Quand vous l'aurez bien apprise, vous l'enseignerez. Démontrez les qualités dont vous voulez donner l'exemple et appliquez action et discipline à vos rêves. Ainsi, je n'aurai plus besoin d'attirer votre attention sur le même point et je serai soulagée. Ma patience ne sera plus mise à l'épreuve !

Ensemble, nous pouvons enseigner aux plus jeunes. Ils ont besoin que vous viviez en accord avec votre sagesse, davantage que vous ne le pensez. Sachez aussi que malgré tout ce que vous avez appris, en dépit de toute la sagesse que vous croyez posséder, vous avez encore beaucoup à apprendre. Dans cette nouvelle école, vous serez de nouveau un apprenti, entouré d'êtres tout aussi avides, crédules et confiants que vous ! »

À propos de l'Aînée

Sage et âgée, elle semble très sévère. Et elle l'est, car elle a une mission sérieuse. Cependant, on ne perçoit pas toujours le rire de ses yeux, la chaleur de sa voix, la force de son endurance. Elle a enseigné à des milliers de gens et continue à le faire. Sa demeure est la nature et ses leçons sont les thèmes de votre vie. Ignorer la sagesse qu'elle offre équivaut à polluer l'eau d'une source ou empoisonner sa propre nourriture. Ne compromettez pas votre vie. Faites confiance à vos sages professeurs, car ils savent combien vous êtes précieux. Sachez que leurs paroles parfois dures contiennent beaucoup de vérité. Dépassez ce qui vous semble injuste et écoutez la sagesse de ce qu'on vous enseigne. Pensez aux maîtres des arts martiaux, aux rigueurs que les jeunes apprentis doivent souffrir pour apprendre. Ce maître est actuellement votre guide le plus doué.

Signification divinatoire

Étudier sérieusement, travailler à un objectif. Envie d'abandonner une tâche avant son terme. Manque de respect, sensation d'être menacé par une approche différente de l'apprentissage. Envie de quitter l'« école » avant la fin, problèmes avec l'autorité.

Travailler avec l'Aînée

Prenez vos études au sérieux et prêtez attention à ce qu'on vous dit. Les moments où vous vous dites : « Pourquoi moi ? » sont le signe que vous n'agissez pas en accord avec votre voie, que vous ne faites pas preuve de bon sens. Si vous voulez écrire, faites-le : écoutez votre muse et soyez créatif. Ne cherchez pas toujours à obtenir une aide extérieure. Créez à partir de votre for intérieur, et donnez le jour à votre création grâce à l'effort et à la discipline. Soyez actif, ne vous reposez pas sur le pouvoir d'autrui. Écoutez les enseignements et soyez intègre. Traitez vos aînés avec respect, et ne délaissez pas l'ancienne sagesse pour les dernières tendances. Au sein de votre famille, un aîné a quelque chose à vous dire. Écoutez-le/la, même s'il ou elle a l'air un peu effrayant(e) !

(Illustration : La Calleach Bruer, *de Ravynne Phelan)*

31. La Gardienne de l'Aube

Les cloches sonneront

La Gardienne de l'Aube vous parle :

« Ne pensez pas que vous êtes seul au monde... Vous avez des gardiens et je suis l'un d'eux. Je fais littéralement sonner les cloches quand vous avez besoin d'un pressentiment ou d'un avertissement. Il n'y a rien à craindre quand vous recevez ces messages. Vous devez simplement prêter attention, noter, et agir le moment venu. Je vous alerterai. C'est mon domaine. Mon rôle est de surveiller le ciel et de vous faire savoir que ce que vous osiez à peine espérer a toutes les chances de se produire. Guettez le lever du soleil et sachez que vos espoirs se lèveront avec lui. Les cloches sonneront pour vous avertir de l'approche d'une nouvelle croissance, d'une nouvelle chaleur, d'une nouvelle période d'énergie pour vous. Écoutez les cloches qui sonnent. Votre âme s'éveillera d'un long sommeil ! »

À propos de la Gardienne de l'Aube

La Gardienne de l'Aube est une vigilante déesse Dragon qui peut se métamorphoser à volonté. Sa petite taille est contredite par sa force immense et son engagement.

Elle vous avertit toujours des énergies particulières, avec des « cloches » ou des réactions physiques. Mais elle s'affaiblit quand vous n'étes pas vigilant(e), quand vous ne vous éveillez pas pour entendre son appel. Écoutez avec plus de respect vos rêves et vos intuitions prémonitoires. Grâce à elle, votre esprit et votre corps vous avertissent de ce qui va arrivez.

Signification divinatoire

Éveil spirituel. Des pressentiments et des prémonitions : écoutez-les. Des signes découlant de coïncidences apparemment fortuites : prêtez-leur attention. Des rêves prémonitoires, surtout aux petites heures du matin.

La clairvoyance, la clair-audience, l'empathie et d'autres formes de sixième sens gagnent en force, en urgence et en signification. Guettez les messages du royaume animal et des Dragons dans les peintures, les films et sur les panneaux publicitaires.

Travailler avec la Gardienne de l'Aube

C'est le moment d'être alerte et conscient, de vous lever tôt et de prêter attention aux signes qui abondent autour de vous. Concentrez-vous sur votre mission et travaillez-y. Faites preuve de détermination et ne laissez pas les autres vous distraire.

Invoquez la Gardienne de l'Aube pour qu'elle vous aide à vous concentrer sur les messages les plus importants et à ne pas céder à la peur. La Gardienne de l'Aube est très puissante : elle vous alertera longtemps à l'avance. Tout ce que vous avez à faire, c'est d'être vigilant.

(Illustration : Dia Griene, *de Ravynne Phelan)*

32. La magie de Lady Luna

Synchronisez-vous avec l'énergie lunaire

Lady Luna vous parle :

« Vous savez que je brille sur la Terre. Nous nous appartenons l'un l'autre. Mais malgré votre savoir, vous vous êtes éloigné de moi. Quelques instants sous mes rayons suffiraient pourtant à purifier votre champ énergétique et à vous faire rayonner. Durant mes périodes d'obscurité, vous pourriez vous retirer en vous, examiner vos secrets sans peur et sans reproche. Alors, tandis que mon Dragon lunaire vole en cercles en faisant tourbillonner l'énergie, moi, Lady Luna, je vous demande de me contacter. Faites-le et vous vous sentirez plus complet. Le désespoir que je sens parfois en vous sera soulagé, apaisé et finalement dissous. Faites vôtres mes pouvoirs de guérison et ma lumière, car ils sont à vous. Reflétez-moi et je vous refléterai. Vos rêves et vos visions gagneront en force, en clarté et en pouvoir, et vous n'y perdrez ni votre sécurité, ni votre enracinement. Ma lumière brille sur les Dragons, le monde magique, les êtres humains, le monde animal et végétal, les minéraux, les rêves et les fleurs. Ils sont tous miens et je suis leur. Ma lumière courait dans les veines de vos ancêtres. Ils me comprenaient mieux que vous, malgré vos connaissances. Soyez de nouveau amis et compagnons, je vous le demande. N'ayez peur ni de ma lumière, ni de mon obscurité, car vous êtes semblable à moi. Nous sommes tous deux plus anciens que le temps lui-même. »

À propos de Lady Luna

La Lune est une déesse de plein droit. Tous les habitants de cette planète se partagent sa magie unique et surnaturelle. Ses noms sont nombreux, de même que ses apparences, parmi lesquelles la chouette noire, qu'il ne faut pas fuir car elle conduit dans les chambres secrètes du cœur. On l'appelle aussi Arianrhod, Aine, Séléné, Artémis, Diane et la Triple Déesse. Son domaine est celui des rêves, des étoiles, de la magie et des lieux limitrophes. Elle n'est ni blanche ni noire, mais argentée et rayonnante. Ses messages et son œuvre sont constants et pourtant toujours changeants. Notre bien-être émotionnel, notre besoin d'eau, notre amour et nos rêves sont tous influencés par Lady Luna. Elle est aimante et pleine de compassion. Elle régule les énergies et les émotions. En tirant les rideaux et en allumant la lumière électrique, on se coupe d'elle. De même quand on pollue le ciel, à tel point que la Terre ne peut plus baigner dans sa lumière naturelle.

Signification divinatoire

Les cycles lunaires sont importants pour vous. Sentiment, de la part d'autrui, que votre comportement et vos pratiques magiques sont « lunatiques ». Compréhension de votre être nocturne, réception de messages des cristaux (dont la Lune est composée), grande découverte à propos de vous-même. Prenez conscience de la manière dont la lumière de la lune vous affecte et mettez-vous en phase avec ses cycles. Présentez son influence à autrui. Entamez des projets à la nouvelle lune, et achevez-les à la pleine lune. Faites retraite en vous-même quand la lune décroît et s'obscurcit.

Travailler avec Lady Luna

Étudiez votre signe lunaire : cela vous en révélera beaucoup sur ce que vous êtes, sous les innombrables couches de conditionnement qui ont effacé et érodé vos capacités intuitives naturelles et vos dons magiques.

(Illustration : Arc-en-ciel lunaire*, de Ravynne Phelan)*

33. La Porte d'Hideki
Un coup à la porte

Hideki vous parle :

« Je sais que vous voulez tendre la main, et pourtant vous la retenez. Je sais que vous avez envie de frapper à cette porte pour voir si on vous répondra cette fois… Et pourtant vous avez peur. Vous avez peur qu'on ne vous réponde pas… Que la réponse ou le visage qui apparaîtra à la porte ne soit pas à votre goût… Que vous ne puissiez plus jamais ressortir après être entré… Je ne peux pas apaiser vos peurs, vous seul pouvez le faire. Mais je peux vous dire ce que je vois. Je vois un esprit dont la flamme vacille, dont la lumière risque de s'éteindre s'il ne passe pas à l'étape suivante. Depuis des années, vous passez devant cette porte et vous vous êtes souvent trouvé ici. Vous avez même peut-être frappé et vous êtes enfui, comme un enfant terrifié, avant qu'on vous ouvre.

Je vous le dis : il est temps. Tendez la main. Frappez à la porte. Et ouvrez-vous à ce qui se produira. »

À propos d'Hideki

Hideki est un puissant petit Dragon qui réside la plupart du temps dans l'est, car il a fui les dragons qui sévissaient dans l'ouest. Il sert ceux qui apprécient la possibilité d'un nouveau départ, la chance saisie au vol, la satisfaction retrouvée. À présent, les temps changent : Hideki peut enfin étendre ses splendides portes dans l'ouest, et au-delà. Ses portes séparent les saisons, les mondes, la nuit et le jour. Ce sont des points de transition et de chance. Hideki vous annonce une bonne fortune grâce à de toutes nouvelles opportunités.

Signification divinatoire

Nervosité devant une nouvelle chance... Sentiment que votre environnement familier vaut mieux que l'inconnu. Désir de voyager et de changer d'air, mais manque de volonté pour s'y mettre. Procrastination et vieilles habitudes qui vous empêchent d'accepter ce qu'on vous offre. Vous êtes prêt... Ce sont simplement vos nerfs qui vous retiennent, des peurs conditionnées, des voix du passé intériorisées. Tendez la main... Refermez-la sur la poignée et préparez-vous à découvrir des merveilles inconnues. Les portes de la perception sont sur le point de changer... pour toujours.

Travailler avec Hideki

Voyages dans l'astral, déplacement dans les dimensions, changement de travail, de carrière, candidature à de nouvelles fonctions, nouvelles amitiés. S'aventurer hors de son environnement habituel et explorer ce qui gît au-delà des limites. Préparez-vous à de nouvelles opportunités. Oui, il y aura des épreuves et des défis, mais la vie va devenir merveilleuse, aventureuse, excitante ! Vous n'avez rien à craindre, en dehors de la peur qui fige votre main. Cette fois, frappez à la porte. Hideki se joindra à vous. Il sait que vous êtes sur le point d'entrer dans un royaume magique, entièrement différent de ce que vous avez imaginé et de ce qu'on vous a décrit… C'est de la vraie magie.

(Illustration : La Porte de la libellule, *de Ravynne Phelan)*

34. Oroki

Limites

Oroki vous parle :

« J'ai toujours eu un rôle difficile. Le vôtre l'est aussi, à présent. Vous avez le choix : allez-vous rester où vous êtes et défendre ce qui vous appartient, ou allez-vous me faire confiance pour en prendre soin et vous aventurer dans une nouvelle région ? Je suis ici, disposé à protéger votre trésor, et pourtant vous ne voulez pas bouger. Déchargez-vous un peu de vos responsabilités, et dites-vous que tout ira bien. Ne craignez rien pour votre bien-être matériel, je suis ici pour protéger vos économies et vos trésors de collectionneur. Mais vous devez prendre les mesures nécessaires.

Vous devez réussir à vous éloigner de votre maison, de votre travail et de votre compte en banque, car continuer à les contempler ne vous satisfait pas. Oui, ils sont beaux... Mais ils seront toujours là quand vous reviendrez. Je veille. Et tant que je veille, personne ne se glissera près d'eux ! »

À propos d'Oroki

Oroki est un Dragon qu'on chérit dans l'est, car il veille sur la richesse et la prospérité de la famille. Bien que minuscule, il est fort et féroce, et ne permet à personne de se faufiler ! Il est vigilant, attentif, et prend vos intérêts à cœur. Oui, il est soupçonneux, mais c'est aussi bien, car cela vous évite de devoir être sur vos gardes. Quand Oroki sort dans un tirage, sachez qu'il veille sur vos possessions !

Signification divinatoire

Prenez des mesures de sécurité adéquates, renouvelez vos assurances sur la propriété ou les objets de valeur. Prenez garde de ne pas vous laisser posséder par vos possessions. Accordez-vous la paix de l'esprit au sujet de vos biens.

Trop de soucis concernant la sécurité : prenez des mesures pour vous défendre, veillez à votre santé énergétique et à votre bien-être. Gardez bien votre sagesse, car les joyaux que protège Oroki sont aussi ceux de la sagesse, de l'expérience et du talent... N'y renoncez pas avec légèreté.

Travailler avec Oroki

Prenez soin de vos possessions, mettez-les en sûreté, faites de votre domicile un endroit sûr, éloigné des perturbations. Défendez ce qui vous appartient en créant des limites énergétiques et de vraies limites physiques.

Ne craignez pas les cambriolages ni le vol, mais prenez toutes les mesures nécessaires. Si ces soucis vous préoccupent, envisagez de mettre en place un vrai gardien, comme Oroki vous y encourage. Cela fait, ayez l'esprit en paix, et appelez Oroki pour protéger vos trésors… Il est vigilant, c'est un formidable gardien !

(Illustration : Mes jolis bleus, *de Ravynne Phelan)*

35. Choumara
La trame de toute vie

Choumara vous parle :

« Derrière le masque que nous portons tous, derrière l'image que nous nous sommes construite, gît notre vrai visage, notre être véritable. Ce visage est tendre et neuf, et nous ne l'avons jamais montré. Nous l'avons protégé parce que le monde nous semblait (et s'est parfois révélé) dangereux et méchant. Un monde où ceux qui sont différents doivent braver les moqueries et sont pointés du doigt. Mais je vous annonce que vous pouvez déposer votre protection, votre armure, votre bouclier. Ne les jetez pas cependant, car vous pourriez en avoir besoin dans certaines situations. Prenez conscience que le rôle de votre armure est de protéger votre véritable moi. Je me révèle à vous. Vous voyez ? Nombreux sont ceux qui reculent d'horreur devant mon être véritable. Je suis une Dragonne, une femme araignée, un être de changement, de destruction et de recréation. Je refais mon monde tous les jours… Je tâtonne le long de ses fils pour savoir ce qui nécessite réparation. Car, tout comme vous, je fais partie de la nouvelle trame de la vie, une trame qui embrasse les différences et nous unit comme un seul être. Je vous demande d'examiner la trame de votre vie, et de repérer ce qui doit être retissé et refait... »

À propos de Choumara

Choumara est une Déesse Dragonne des deux mondes, qui a l'apparence d'une araignée. C'est une puissante tisseuse d'énergie. Elle répare les déchirures de l'espace et du temps. On peut l'aider en prenant conscience de ce que l'on est et en œuvrant à son tissage personnel avec conscience, pouvoir et sérénité. Elle retient les fils des quatre directions et leur imprime des ondulations afin que nous puissions communiquer avec les mondes au-delà de Gaïa. Choumara est l'énergie créative qui rassemble les nations, les tribus, les peuples et les familles, dans ce monde et dans les autres. C'est la mère du temps. Elle est présente quand on retrouve des souvenirs de vies passées, car c'est elle qui tisse ensemble les fils du passé, du présent et du futur. Ils sont tous reliés : une ondulation de l'un d'eux est ressentie ailleurs, malgré la distance. Nous sommes tous reliés par la trame de la vie. Choumara communique à travers l'énergie et le son. Vous entendez un sifflement aigu dans vos oreilles, la vibration du réseau galactique, quand elle entre en contact avec vous. Son rôle est de vous aider à dépasser les notions économiques à court terme, d'embrasser l'écologisme galactique... pour Gaïa et tous ceux avec qui Choumara est en contact. Elle désire que nous fassions de l'univers notre demeure, que nous enlevions le masque qui annonce : « Je suis ceci » pour comprendre que nous sommes « cela » et bien plus encore.

Signification divinatoire

Émergence de croyances, révélation de votre véritable identité, début de travail en groupe. Conscience cosmique, découverte d'une nouvelle famille et de ses liens. Relations significatives qui ont un grand impact sur vous. Découverte de la personnalité réelle de certains êtres. Révélations sur l'héritage culturel et familial. Des histoires personnelles sont dévoilées quand Choumara fait son apparition dans votre vie. Elle représente aussi les progrès faits en vue de la paix sur le plan global et cosmique, les technologies de communication, les expériences de perception grâce au sixième sens, les rêves, les voyages astraux et temporels.

Travailler avec Choumara

Vous vous révélez doucement dans un environnement sûr. Vous explorez la conscience galactique. Vous découvrez votre histoire personnelle et culturelle, les vibrations de votre lignée, de vos ancêtres. Vous vous montrez honnête dans des situations où, précédemment, vous aviez peut-être gardé le silence. Vous refusez de mentir pour préserver une fausse paix. Vous vous révélez tel que vous êtes. Vous devenez plus sensible à la communication et aux vibrations supérieures. Vous formez une nouvelle famille, basée sur des valeurs et des croyances sacrées pour vous. Vous vous mettez en cohérence avec vos idées. Vous comprenez que votre être est beau, puissant et aimant. Vous activez la trame de votre vie. Vous travaillez avec le pouvoir des quatre directions. Vous vous ouvrez au concept de la communication avec des êtres situés au-delà de notre système solaire.

(Illustration : Lady Ariane, *de Ravynne Phelan)*

36. Wu-Wang
Un cœur pur et libre

Wu-Wang vous parle :

« Dans l'ancien temps, on disait que seuls les purs pouvaient entrer en contact avec moi et avec mes semblables. Que la vierge pouvait voir la Licorne. Que les enfants pouvaient deviner les intentions de Dieu. Que les fées pouvaient lire dans les cœurs et qu'elles refusaient d'apparaître si elles les trouvaient corrompus.

Je suis venu vous dire que votre cœur est pur, libre et innocent. Vous avez seulement oublié comment nous voir, car on vous a dit qu'il fallait être parfait pour cela. Ou bien qu'il fallait être fou, impur, brisé. Si vous disiez nous avoir vus, vous auriez été banni.

Je suis venu vous dire que nous apparaissons à ceux qui ont regardé dans leur cœur et ont vu au-delà de leurs blessures… Il existe en vous un cœur libre, sans entrave, jamais contaminé. Nous pouvons y pénétrer et c'est pourquoi vous nous verrez de nouveau. Vous n'êtes pas venu au monde dans le péché. Vous avez peut-être des marques karmiques, mais vous n'êtes pas un pécheur, vous n'êtes ni corrompu ni indigne. Encouragez ce qui est pur, libre et bon en vous, et nous recommencerons à apparaître. Vous nous sentirez dans le vent et l'eau, vous nous verrez dans le feu, et vous entendrez nos voix émanant du cœur de notre mère la Terre. Vous êtes un enfant de la Mère, peu importe le nom que vous lui donnez ; au fond de vous, vous appartenez au peuple libre. C'est le message que je vous adresse. »

À propos de Wu-Wang

Wu-Wang est un Seigneur Dragon, un souverain dynastique sous forme humaine, dont l'énergie a imprégné le I-Ch'ing, un système philosophique et divinatoire. Il est d'un naturel bon et honnête, et nous encourage à lui ressembler. Peu importe ce que nous avons fait dans le passé, il nous est possible d'être comme lui. Il est possible de s'approprier la vérité et l'innocence de la nature. En outre, ces traits de caractère vous apportent la bonne fortune, de même qu'à Gaïa, à Dana et à notre Mère.

Signification divinatoire

Vous êtes innocent. Cultivez cet aspect de vous-même. Votre innocence et votre bonté reposent en vous, quelles que soient les actions que vous avez accomplies dans le passé. C'est le moment de proclamer votre cœur pur et libre. Ce faisant, vous serez capable de voir et de sentir la présence d'êtres magiques, y compris les Dragons et la Licorne. Wu-Wang vous aidera aussi à vous alimenter sainement avec de la nourriture biologique. N'introduisez rien dans votre corps sans vous être d'abord demandé si cela usera ou développera votre cœur, et agissez en conséquence. Dansez, chantez, jouez de la musique et faites l'amour... Tous ces actes, accomplis avec une joie innocente, font partie de l'acte sacré d'Amour et sont porteurs de guérison.

Travailler avec Wu-Wang

Restez libre, pur et innocent. Consacrez une part de votre quotidien au développement de votre pureté et de votre liberté. Laissez les choses vous échapper, n'essayez pas de tout contrôler ni de prédire les résultats. L'innocence implique que vous ne sachiez pas tout. Partez de cet *a priori* noble et humble. Ainsi, vos attentes, vos tentatives de contrôle et les risques de drame s'évanouiront. À leur place viendront l'intuition et la communication avec le réseau magique des Sirènes, Licornes, Centaures, Dragons, Dryades et autres êtres que vous n'avez sans doute jamais vus de vos yeux.

(Illustration : La Fée Dragonne Rose*, de Selina Fenech)*

37. Le Dragon de Gaïa
Union Divine

Gaïa et son Dragon vous parlent :

« Écoutez nos voix, masculine et féminine, qui se mêlent et se croisent quand nous parlons d'une seule voix. Nous sommes Gaïa et son Dragon. Bien que séparés, nous ne faisons qu'un. Votre union divine sera à notre image. Pensez à la beauté de l'amour à deux… L'équilibre et l'harmonie, le désir et la poursuite… Notre union est parfaite, c'est un divin mariage, le sentiment extatique, auquel tant d'êtres aspirent, d'avoir trouvé l'âme sœur. Un véritable mariage n'implique pas de devenir semblables : voyez comme nous sommes différents ! Et pourtant le Ciel et la Terre se sont unis dans l'attention et la protection mutuelles, la croissance et la fertilité. Le Ciel est-il semblable à la Terre sur laquelle vous marchez ? Non, mais voyez leur relation harmonieuse. De la même manière, votre union divine ne se fera pas avec quelqu'un qui vous ressemble. Mais une fois liés par un équilibre parfait, vous révélerez ce qu'il y a de meilleur en chacun de vous, et vous vous donnerez mutuellement amour, protection et sentiment d'unité. Le Dragon aime et protège Gaïa. Gaïa adore son Dragon céleste. Une nouvelle vie résultant de cette union verra le jour. Vous êtes aimé. Un partenaire divin et parfait vous attend sur cette planète et au royaume des cieux… Cette union divine se situe au-delà de l'histoire, de vos vies passées et futures. Elle vous appartient et vous appartiendra… »

À propos de Gaïa et son Dragon

Gaïa est la déesse reproductrice de cette planète. Son Dragon est le cosmos, l'atmosphère, l'énergie céleste dans laquelle elle se meut. Chacun d'eux a besoin de l'autre pour exister… Pas pour survivre, mais pour *être*. Gaïa et le Dragon incarnent l'union divine, le mariage du Ciel et de la Terre. À elle les cycles de la Terre, à lui les saisons de l'univers. Ensemble, ils apportent l'espoir, créent de nouveaux mondes, de nouvelles vies. Leur amour est constant, stable, doté de belles énergies qui se mêlent harmonieusement. Liés par un amour passionné et paisible, ils sont éternellement fidèles l'un à l'autre.

Signification divinatoire

Équilibre des domaines terrestre et céleste, union de l'homme et de la femme, enfant chéri, grossesse, fertilité, création qui vient à maturité, rencontre d'un amant authentique, fidèle et protecteur, compréhension de la sexualité, liberté d'être ce qu'on est, équilibre du masculin et du féminin dans la vie.

Travailler avec Gaïa et son Dragon

Éveillez votre don naturel pour les relations. Demandez à Gaïa et son Dragon de vous aider à être pleinement vous-même, vous et votre partenaire, et à entretenir en même temps une relation parfaite. Vos relations peuvent aussi être stables et fidèles. L'intégrité d'une relation est sans prix, elle doit être considérée comme sacrée. Gaïa vous aidera à donner le jour à des idées ou à des enfants. C'est la déesse idéale à laquelle faire appel pour la fertilité. Quant à son Dragon, il s'occupe de faire paraître des hommes honorables, fiables, solides et passionnés. Il protège et prend soin de Gaïa, sans jamais faire taire son pouvoir ni sa créativité. Une telle relation est possible pour vous, si vous la laissez pénétrer dans votre vie avec l'aide de Gaïa et de son Dragon.

(Illustration : Le Dragon de Gaïa, *de Ravynne Phelan)*

38. La Souveraine

Doux pouvoir

La Souveraine vous parle :

« Il n'est pas dans notre désir de posséder le pouvoir. Non, nous voulons l'irradier en vagues toujours croissantes, répandre ses germes dans le monde, lui faire prendre racine dans votre cœur. Sans jamais le retenir, nous laissons ce pouvoir se répandre, circuler et vous appartenir aussi.

Être reine, la souveraine de votre monde, ne ressemble pas à ce dont rêvent certains. Il ne s'agit pas de satisfaire instantanément ses caprices, ni de profiter du luxe pendant que d'autres souffrent et se lamentent, mais de prendre soin de tous et de leur donner l'exemple. Je vous le dis : si vous voulez être traité en souverain, vous devez devenir authentiquement royal. Vous devez prendre soin de ceux qui vous entourent, montrer de la dignité et du courage en toutes circonstances et ne pas oublier que rien n'est trop humble pour vous intéresser. Regardez autour de vous, voyez comme vous avez confondu la satisfaction de vos désirs et le rôle de souverain… Endossez le manteau royal de votre charge. Il ne s'agit pas d'un fardeau mais d'une responsabilité. Vous êtes la Reine… Vous êtes le Souverain… Celui ou celle qui crée son monde. Que vous le vouliez ou non, vous devez bouleverser l'ordre des choses et introduire les changements voulus, en les tirant de vous-même. »

À propos de la Souveraine

La Souveraine est la reine Dragon de l'élément terre. Son domaine est l'automne, les mondes minéral et végétal. Elle est aimante et compatissante. Pleinement consciente de son propre pouvoir, elle encourage le pouvoir d'autrui. Elle inspire ainsi ceux qui cherchent un mentor au royaume de leur propre souveraineté. Elle propose une démarche différente de ce qui nous a été enseigné : la compétition d'êtres craintifs qui prennent tout ce qu'ils peuvent par peur que les ressources soient insuffisantes. La Souveraine réside dans les royaumes de l'infini et protège tous ceux qui vivent avec elle. Mais les êtres aux mains crochues et au cœur avide ne ressentiront jamais sa magie, car elle ne permet pas à cette dangereuse vibration de pénétrer dans son royaume. À nous d'avoir le cœur ouvert, d'être maîtres de nous-mêmes, de nous aimer les uns les autres et de faire fructifier ce savoir dont nous avons plus qu'il ne nous faut… Notre rôle est d'être pleinement ce que nous sommes, de tenir notre place dans la danse de la vie. La Souveraine est douce, et pourtant elle est la majesté incarnée. À vous, maintenant, de vous efforcer de lui ressembler.

Signification divinatoire

Refus de se reconnaître comme le créateur de son propre monde, critique des figures d'autorité, incapacité à voir l'humanité et la responsabilité et ne voir que des pièges, influence excessive de ceux qu'on voit comme prospères et puissants, renoncement à son propre pouvoir. Négligence des petites choses de la vie, mépris de ce qu'on possède.

Travailler avec la Souveraine

Prenez conscience de votre majesté et de votre pouvoir. Exprimez-les en vivant avec intégrité. Soyez responsable et élevez progressivement le niveau vibratoire de votre monde. Prenez soin de la Terre en recyclant et en faisant du compost, consommez de manière consciente. Exercez une douce influence en donnant l'exemple. Soyez vous-même, un souverain formidable. Cette Dragonne vous ramène sur la voie de la gloire authentique. Il ne s'agit pas d'une gloire matérielle, d'égards ni de célébrité, qui ne sont que désordre, mais des soins que vous vous accordez, de la liberté de choisir votre rôle, de votre droit de créer un environnement somptueux, de votre comportement de dignité et de splendeur royales. Voici ce que vous devez faire à présent. Votre intégrité, ou la leur ? Ne croyez plus aux mensonges de ceux qui possèdent l'autorité et vivez à la lumière de votre propre vérité.

(Illustration : La Reine Papillon, *de Ravynne Phelan)*

39. La Dame en Bleu

Rien n'est impossible

La Dame en Bleu vous parle :

« Rien n'est impossible, rien. Ceux qui vous disent que la route que vous prenez est trop difficile, trop éprouvante, que votre voie est celle du compromis et du chagrin, pas celle des désirs ardents et de l'aventure… Je suis venue vous dire qu'ils ont tort. Ne vous mettez pas en colère contre eux ; ils parlent avec la voix de la peur… Leur voix véritable, ils l'ont oubliée, car s'en souvenir leur ferait trop mal. Ils sentent bien l'écart entre ce qu'ils sont réellement et ce qu'ils se sont permis de devenir.

Ne cédez pas à leurs illusions… Leur résistance ne fera que se renforcer, préparez-vous… Nourrissez la force qui est en vous, elle grandira jusqu'à ce que l'impossible se réalise. Rien n'est impossible… Et vos rêves ont une chance de devenir réalité… Vous avez l'occasion de devenir véritablement vous-même, plutôt que la version réduite qu'espèrent les autres. Il n'y a aucune sécurité à restreindre ce qu'on est. Soyez vous-même, suivez votre rêve, et écoutez votre voix intérieure. Laissez-vous guider vers l'impossible, dès maintenant... »

À propos de la Dame en Bleu

Cette belle dame Dragon cultive dans son jardin des choses apparemment impossibles... Quand on lui dit qu'elle « invente », elle invite à regarder les roses bleues auxquelles personne ne croyait. Même alors, beaucoup se détournent en prétendant qu'elle utilise la magie. Mais elle réalise l'impossible parce qu'elle fait confiance à sa petite voix intérieure, parce qu'elle lui permet de s'installer dans un espace aimant, pour faire croître de solides racines et pour fleurir. Ce qui est impossible à certains est tout à fait naturel pour elle. Elle croit à des possibilités infinies et précieuses, et permet à l'impossible de se produire.

Signification divinatoire

C'est la peur qui inspire les propos des gens autour de vous. Ils disent que ce vous espérez ne peut pas être... Il ne s'agit pas de choses triviales pour vous, mais de précieuses pépites d'espoir qui forment votre identité et votre existence mêmes. La question est : qui voulez-vous être ? Un amalgame de la peur et du conditionnement d'autrui ? Ou bien voulez-vous assumer bravement ce que vous êtes et prendre le risque de chuter ? La Dame aux Roses Bleues vous l'annonce : votre rôle dans cette vie est de faire une percée dans l'autre réalité, de vous y frayer un chemin et d'éclairer la voie pour d'autres voyageurs. Vous n'avez pas de limites, ne laissez pas la peur vous contraindre. Vous êtes libre. L'impossible dépend seulement de votre volonté magique et de votre auto-détermination.

Travailler avec la Dame en Bleu

Rassemblez votre courage, mais renoncez à l'idée que le courage porte armure et bouclier. Il peut aussi être doux et délicat ; il lui suffit de rester fidèle à lui-même. Distinguez les conseils qui viennent de l'expérience (sagesse) des conseils qui viennent de la peur (conditionnement). C'est vous qui devez choisir votre voie. Peu importe que vous vous sentiez piégé et ligoté, il y a toujours moyen de se libérer, en exprimant votre véritable essence, en restant fidèle à votre cœur, à votre talent et à votre pouvoir. Soyez fort, soyez vrai, et ne fléchissez pas. Invoquez la Dame en Bleu ; elle vous guidera gentiment... Trouver des gens qui peuvent vous conseiller dans l'« impossible » vous sera aussi d'une grande aide. Prenez le temps de clarifier vos propres conditionnements, engagez-vous à faire usage de votre talent, de vos dons, de votre vérité. De forts moments de courage font une vie bien vécue.

(Illustration : La Dame aux Fleurs, *de Ravynne Phelan)*

40. Les Tuteurs
Prenez votre envol

Les Tuteurs vous parlent :

« Pour obtenir de merveilleux résultats, vos décisions doivent être prises dans un esprit de confiance et d'aventure, l'esprit même que vous avez démontré en demandant notre aide. Pour savoir dans quelle direction voyager, vous devez prendre du recul. Cela ne signifie pas d'essayer d'être "meilleur" ou "supérieur" aux autres, mais de prendre votre essor comme un aigle ou un Dragon, et de survoler la situation pour en distinguer les ramifications dans le temps et dans l'espace. Ainsi, vous saurez quelle direction prendre. Demandez aux Dragons de vous envoyer des visions et des messages depuis cette perspective. Mais n'oubliez pas que, même si vous voyez davantage de choses dans cette position, vous ne saurez jamais tout. Grâce à nous, vous volerez bien au-dessus de ce carrefour et, de là-haut, vous verrez les options disponibles dans toute leur splendeur et leur diversité. »

À propos des Tuteurs

Les Tuteurs sont des aides magiques. Ils peuvent vous emmener dans les airs afin de vous aider à voir. Malgré cela, si vous avez l'impression que vous ne voyez rien, ils vous décriront les choix qui se présentent à vous. Ils vous aideront à comprendre que vous êtes effectivement à la croisée des chemins, et que vous êtes sous leur protection. Comme des tuteurs, ils vous soutiennent et vous accompagnent sur cette voie, jusqu'à ce que vous soyez prêt à avancer tout seul. N'ayez pas peur des décisions que vous devez prendre, ni des gestes nécessaires. Votre cœur est un havre, votre âme un sanctuaire. Préparez-vous à voyager, à explorer, à embarquer bientôt pour une aventure en terre inconnue, intérieure ou extérieure.

Signification divinatoire

Voyagez, changez d'adresse ou de situation. Un nouveau lieu vous appelle dans ce monde, préparez-vous à emporter vos possessions. Une nouvelle période, une nouvelle mue, un retour à une ancienne demeure, un appel du futur, une réponse. L'aide de puissants compagnons pour déménager, des amitiés dans des endroits lointains. Voyage astral dans des royaumes dits « fantastiques », et qui sont en fait des réalités dimensionnelles auxquelles vous avez maintenant accès. Demandez aux Dragons de vous y emmener et de vous en ramener. Une promotion, une reconnaissance, redoublez d'attention dans votre carrière professionnelle.

Travailler avec les Tuteurs

Faire des plans pour avancer, faire ses bagages, renoncer à ses vieilles affaires, réduire la quantité de possessions matérielles. Devenir un errant, un voyageur pendant quelque temps. Période d'exil durant laquelle vous ne savez pas bien où vous habitez. Le moment est venu d'émigrer et de prendre votre essor. Vous possédez de nombreuses vies et de nombreuses demeures dans le laps de temps imparti à votre corps terrestre, qui est un outil sacré. Servez-vous-en pour voler très haut et gagnez en perspective. Pensez aux Dragons qui s'élancent dans le ciel, et envolez-vous plus haut que vous ne l'avez jamais rêvé. Pensez plus souvent à l'élément air.

(Illustration : Ciels de Dragons, *de Selina Fenech)*

41. Les Dragons de la Renaissance
Intégrité retrouvée

Les Dragons de la Renaissance vous parlent :

« Nous sommes de ceux qui vous ont vu dans ces moments que vous, les humains, décrivez comme "noirs". Ces moments que vous craignez et fuyez car vous ne comprenez pas leur but. Votre mépris de votre ombre vous a parfois conduit à vouloir mettre un terme à votre vie. Mais il n'est pas nécessaire de mourir, au sens littéral. Toutes les cultures de cette planète, anciennes ou récentes, comportent des rituels de mort de l'ancien moi, rituels qui mènent à un voyage souterrain. Nous connaissons ce monde souterrain, car nous y résidons de temps en temps, et nous y voici, attendant que vous descendiez. Ne craignez pas vos moments "noirs". Cette noirceur est celle de l'ombre, du soulagement, du repos, du profond savoir du cœur et de l'âme. Dans ce lieu, les graines que vous avez plantées fleuriront. Ce que vous prenez pour des pensées noires et "mauvaises" sont les manifestations du désir de mourir de l'être qui ne veut plus de sa forme extérieure. Vous êtes en train de refaçonner votre être. Dans cette obscurité magique et rituelle résident la semence de votre réveil et votre renaissance. Nous sommes avec vous, autour de vous, purifiant votre énergie. Nous vous recouvrirons d'énergie. Il ne s'agit ni d'un début, ni d'une fin, mais du cycle de la naissance, de la mort et de la renaissance. On dirait la mort, mais c'est la mort de l'ancien moi, pas une mort littérale. N'ayez pas peur. Vous êtes sur le point de renaître. Prenez courage et sachez que, très vite, vous retrouverez votre intégrité. »

À propos des Dragons de la Renaissance

En vous coulent deux sources de sagesse. L'une est votre sagesse spirituelle, qui court à travers votre lignée éthérique (vos vies passées) et l'autre est votre lignée physiologique, la voie de vos ancêtres. Elles sont représentées par ces deux puissants Dragons qui travaillent ensemble à compléter la personne que vous allez devenir. Ces Dragons n'ont pas de nom, car ils appartiennent aux grands mystères, ils sont inconnaissables. Une part de ce que vous êtes est aussi inconnaissable. Votre but est l'expression de cette grande vérité spirituelle, faite de complexité et de paradoxes. Les Dragons de la Renaissance ne parlent pas, mais travaillent à créer le langage de votre âme, son chant. Appelez-les pour vous guider, quand le désespoir vous prend et que vous craignez ce qui semble surgir d'un lieu situé au-delà du « réel ». Car c'est un lieu de grande sagesse, un lieu obscur d'où naît tout ce que nous avons à apprendre.

Signification divinatoire

Les Dragons de la Renaissance travaillent à guérir la fracture de votre âme, la fissure qui s'est produite entre votre être et votre moi. Votre sagesse intérieure ne s'exprime pas. Les cercles de guérison, les pratiques chamaniques, la prise en compte de l'impact karmique de vos lignées spirituelle et physiologique vous seront très utiles avec cette magnifique carte. Le travail en groupe et les stages seront aussi bénéfiques, de même que le cheminement intérieur et les retraites. Reprenez contact et faites la paix avec votre famille et avec votre passé. Réappropriez-vous certains aspects abandonnés de vous-même, et n'oubliez pas que vous marchez à la fois dans l'ombre et la lumière... Il n'est ni sain ni honnête de ne reconnaître qu'un aspect de la vie. Équilibrez-vous et libérez-vous.

Travailler avec les Dragons de la Renaissance

Lignée familiale, traditions ancestrales. Informez-vous sur certains aspects de votre histoire, développez votre vision de ce que vous considérez comme la « famille ». Créez une âme familiale qui pourra vous assister dans votre cheminement. Apprenez à connaître vos ancêtres. Tout n'est pas révélé : il y a encore beaucoup à apprendre, et vous tirerez de la sagesse de cette exploration. N'ayez pas peur d'être entier. Mourir à votre ancien moi vous permettra de renaître.

(Illustration : Entrelacés, *de Ravynne Phelan)*

42. L'Attrapeuse de Rêves

Rêve de sagesse

L'Attrapeuse de Rêves vous parle :

« Je suis la Dragonne qui vient de nuit. Je voyage à travers les dimensions jusqu'au seuil des mondes. Je suis là quand vous dormez, et je vous fais part de messages que vous pourrez déchiffrer durant vos heures de veille. Si vous le permettez, j'attraperai tout ce qui est inutile dans la toile que je tisse de mes mains éclairées par la lumière de l'univers. Vous l'appelez le Soleil, mais je l'appelle Bel. Il brille sur vos jours et, la nuit, je reflète sa lumière. Je purifie tout ce qui vous irrite et vous pose des difficultés, mais je garde ce dont vous avez besoin pour avancer. Il n'y a rien à craindre de nous, les êtres de rêve… Je suis à vous. Ensemble, nous explorerons, nous partagerons nos découvertes et nous serons heureux. Je vous aiderai à atteindre vos objectifs, et si vous croyez, l'Esprit vous bénira grandement. Nous faisons partie de la même tribu, et votre sang est le mien. Cette Attrapeuse de Rêves est à votre service.

Chaque fois que vous me laisserez vous rendre visite la nuit, je serai votre protectrice. Votre plexus solaire s'ouvrira un peu plus, et votre lumière brillera un peu plus fort dans le monde. Je peux vous aider à voir et à suivre la trame du futur.

Laissez-moi pénétrer dans vos rêves. Invitez-moi à y entrer. C'est la requête que je vous adresse. »

À propos de l'Attrapeuse de Rêves

On parle de l'importance des rêves dans de nombreuses cultures, des Grecs aux Lakotas, et des Celtes aux Scandinaves. Pendant que nous dormons, la chance nous est donnée d'apprendre la vérité de ce que nous sommes. C'est un état dans lequel nous sommes entraînés et façonnés par le monde de l'esprit. L'Attrapeuse de Rêves, le maître dont vous avez besoin, viendra vous rendre visite, tenant dans ses mains les légères plumes sacrées, les cloches de la Gardienne de l'Aube et la trame de votre destinée parfaite, connaissable et inconnaissable.

Signification divinatoire

Rêves prophétiques, précognition, paroles d'anciens. Travaillez à ouvrir et à développer votre plexus solaire, recherchez vos rêves et agissez dedans. Découverte de plumes durant le jour, messages de la chouette, de l'aigle et de femmes sages. Respirez profondément en dormant, dormez dans un air bien oxygéné, faites brûler des huiles essentielles.

Travailler avec l'Attrapeuse de Rêves

Tenez un journal de vos rêves. Voyage dans les dimensions, communication entre les mondes. Recevez les messages sans les juger, veillez à dormir régulièrement, changez de chambre, purifiez votre espace de sommeil, purifiez tout votre espace. Vous vous sentez protégé et en sécurité en dormant. Vos amis croient à vos rêves, mais vous devez y croire plus que tous. Laissez l'éphémère glisser dans le passé entre vos doigts. La chance et les rêves peuvent advenir. Recevez les enseignements des anciens dans vos rêves. Les êtres des quatre directions, le cercle magique et sacré des Dragons et les peuples indigènes sont avec vous. Vous faites partie du cercle divin. Nous reviendrons vous parler, surtout la nuit, quand vous recevrez nos messages en toute sécurité. Il ne s'agit pas d'« imagination ». Ce sont des messages réels d'êtres réels. Les changements de la Terre, et le rôle que vous y jouez, sont de véritables prophéties.

(Illustration : L'Attrapeuse de Rêves, *de Ravynne Phelan)*

43. Fernia
Clarté

Fernia vous parle :

« Je veux être honnête avec vous, afin que vous saisissiez ce que vous croyez désirer. Comprenez-vous que, pour satisfaire vos désirs, vous devrez faire ce que beaucoup considèrent comme des sacrifices ? Comprenez-vous que nous pouvons vous offrir un refuge, oui, un doux refuge à l'abri du soleil, un lieu de repos et de rêve ? Mais êtes-vous conscient qu'on dira que vous vivez au pays des songes et que ce dont vous rêvez n'existe pas ? Considérez la nature de vos désirs. Quelles que soient vos attentes, elles ne jouent aucun rôle dans les promesses que je vous fais... Je m'engage à vous protéger et à vous présenter à des êtres magiques pour vous montrer les traditions des Dragons. Vous m'aiderez à prendre soin des petits. Mais je vous promets aussi ceci : votre nirvana sera parfois boueux, sale et difficile. Ce ne sera pas du tout ce que vous imaginez. Vous devrez vous occuper de vous et laisser les autres tranquilles. C'est un chemin de clarté : vous découvrirez ce que vous êtes, et le rôle que vous jouez.

Laissez vos attentes derrière vous, et préparez-vous à découvrir plus de magie que vous n'en avez jamais rêvée. Ne cherchez pas à posséder quoi que ce soit... Et sachez qu'à tout moment vous êtes libre de continuer ou non.

Comprenez-vous que si vous voulez faire partie de ce royaume, si vous voulez être entièrement vous-même, vous devrez abandonner vos vieilles habitudes de pensée ? Autrement, vous serez blessé par l'incompatibilité de ces pensées et de ces sentiments. »

À propos de Fernia

Cette Dragonne ouverte et sincère vient des fougères. Elle a assez de confiance en elle-même pour regarder droit dans les yeux tous ceux qui se présentent et pour déterminer si elle leur fera don de sa magie et de sa protection. C'est un être fascinant, souvent incompris en raison de sa beauté et de sa sauvagerie. Les réactions des gens parlent cependant davantage de ceux-ci que d'elle. En dépit de sa dureté dans certaines circonstances, elle est tendre, facilement blessée et offensée. Il est important pour elle de profiter du soleil et du repos dans son royaume ombragé. Elle s'occupe des habitants de la forêt, notamment des bébés Dragons qu'on lui confie souvent, en raison de sa gentillesse et de son hospitalité. Ses charmes sont doux mais puissants, et on les sous-estime souvent. Elle suscite un intérêt presque obsessionnel. Et bien qu'elle s'épanouisse quand on lui offre de l'affection, trop d'amour peut la blesser. Elle doit être libre, capable de croître au bon endroit... Ceux qui désirent la fréquenter devront faire des compromis, des ajustements et même des sacrifices. Mais cela en vaut la peine, car ce qu'elle offre est une manière de voir le monde unique, délicate et ancienne.

Signification divinatoire

Quand Fernia se montre dans votre vie, c'est pour vous demander d'examiner avec honnêteté ce que vous espérez gagner. Vous êtes peut-être fasciné par quelqu'un ou par une opportunité. Fernia vous demande de procéder à une introspection pour retrouver cette source en vous. Il peut y avoir, autour de vous, des gens qui veulent vous posséder. C'est pourquoi Fernia vous encourage à vous libérer et à trouver votre place. Elle parle du meilleur endroit, des meilleures conditions pour vous épanouir. Elle vous demande aussi de rechercher l'indépendance, d'annoncer clairement et gentiment ce qui vous convient. Son hospitalité a permis à beaucoup de s'épanouir dans son ombre, autour de l'eau des mares qu'elle recueille pour donner à boire aux bébés Dragons. Elle protège, préserve et, pourtant, se protège. Vous possédez aussi cette contradiction, ce paradoxe magique. Ne laissez personne vous dire que vous êtes faible.

Prenez garde à ceux qui sont « obsessionnellement » amoureux de vous, de ceux qui veulent vous fréquenter et ne comprennent pourtant pas qui vous êtes, ne saisissent pas la délicatesse de vos besoins et de vos désirs. Vous les fascinez… Mais cela ne veut pas dire que vous devez vous déraciner, car votre nature unique pourrait ne pas y survivre. Mieux vaut laisser venir à vous ceux qui affirment vous aimer, quand cette carte fait sa douce, mais ô combien séduisante, apparition.

Travailler avec Fernia

Début de compréhension des impulsions amoureuses, du flux de l'amour romantique, par opposition à l'amour éternel et constant de deux âmes. Travaillez avec les énergies végétales et les essences florales. Cultivez et récoltez des plantes locales et anciennes pour conserver leur énergie et leur enseignement. Communication avec les Dragons grâce au jardin, conservation de la nature, travail avec l'énergie de Dana sous forme végétale.

(Illustration : Fougère, *de Ravynne Phelan)*

À PROPOS DE L'AUTEUR

Lucy Cavendish tire ses dons uniques de sa connaissance des royaumes célestes et féeriques. La magie anime chacune de ses journées grâce à son credo personnel, qui replace l'épanouissement et le bonheur au centre d'un système de valeurs et de croyances profondément liées à la nature.

Elle est l'auteur de nombreux ouvrages, parmi lesquels l'*Oracle des êtres d'Ombre et de Lumière,* l'*Oracle des Métamorphes,* l'*Oracle des Fées.*

Outre des apparitions régulières à la télévision et à la radio, elle écrit pour de nombreux magazines et a participé à des anthologies. Elle a créé, en 1992, *Witchcraft*, le premier magazine entièrement consacré à la sorcellerie.

Lucy est une sorcière comme on en trouve dans les livres. Elle adore écrire, lire et préparer des stages de magie. Elle vit à Sydney, en Australie, avec sa fille à l'apparence de lutin, et son magnifique labrador.

(www.lucycavendish.com)

À PROPOS DES ARTISTES

Nicole Cadet, née un lendemain de *Thanksgiving*, est une artiste indépendante spécialisée dans les fées, les chevaliers et les demoiselles, le mythe et la magie, les personnages de science-fiction. L'aquarelle, l'acrylique et la peinture au doigt sont ses principales techniques, mais ses sujets varient selon son humeur. Nicole est diplômée des Beaux-Arts et en technologies de l'information. Elle travaille actuellement comme programmeuse. (www.nicolecadet.com)

Selina Fenech est une artiste australienne née en 1981. Inspirée par les illustrations de ses livres d'enfant, elle a commencé très jeune à dessiner des déesses, des fées et des créatures enchantées. Son souhait était de capturer avec son art la magie que ces histoires lui faisaient ressentir. À présent, Selina peint à son compte des visions fantastiques et vend des objets d'art. Elle continue à capturer avec délice la magie pure sur le papier. Selina a aussi illustré l'*Oracle des Fées* de Lucy Cavendish. (www.selinafenech.com)

Debbie Lean (née en 1969), également connue sous le nom de « Little Devi », est peintre, illustratrice, professeur et interprète. Depuis 1990, elle enseigne les arts visuels et du spectacle. Ses ateliers et ses spectacles jouissent d'un grand succès. Son œuvre a été publiée dans des livres, des films, des magazines, des galeries et sur des cartes et des tee-shirts. Elle s'inspire de tout ce qui est magique et mystique. (www.littledevi.com)

Jimmy Manton est un illustrateur récompensé par un prix. Il dessine depuis que ses mains ont su tenir un crayon, et il est obsédé par la science-fiction et le fantastique. Depuis quelques années, Jimmy se concentre sur ses études d'architecture et la construction de modèles réduits. Son œuvre est publiée par de nombreux magazines d'architecture ou de jeux. Il a aussi illustré *Gods & Titans Oracle* et *Goddesses & Sirenes Oracle* (tous deux de Stacey Demarco). Il vit à Melbourne, en Australie, et son site web est l'endroit rêvé pour admirer de très belles illustrations (www.jimmymanton.com).

Kylie McDonough peint les mythes, la magie et les êtres surnaturels. Ses principales sources d'inspiration sont la nature, l'histoire et le royaume fantastique des fées. Bien que ses sujets varient, Kylie tient à incorporer une touche de magie et de mystère dans chacune de ses œuvres. Elle fait de l'art depuis aussi longtemps qu'elle s'en souvienne, et travaille avec différentes techniques, parmi lesquelles l'aquarelle, l'acrylique, les textiles et l'argile (www.kyliemcdonough.com).

Ravynne Phelan tisse la magie sous forme de dragons, de fées et de déesses depuis 2003. Inspirée par la musique, la mythologie, la nature et les énergies qui l'entourent, Ravynne possède un style vibrant qui reflète son amour de la couleur. Pour cette artiste timide mais sociable, la peinture est la clé, et son œuvre le passage. Un passage qui l'a conduite à explorer des royaumes réels ou enracinés dans la foi et dans l'imagination. Elle est l'auteur de *Messenger Oracle*, *Dreams of Magic* et a aussi illustré *Mythic Oracle* (www.dreamsofgaia.com).

Toni Carmine Salerno est un artiste intuitif et un auteur de best-sellers, dont l'œuvre est centrée autour du féminin et de l'énergie de la Déesse. Bien qu'il soit un homme, le féminin est sa principale source d'inspiration, la force de réalisation de son œuvre. Toni est aussi le fondateur et le directeur général de la maison d'éditions *Blue Angel Publishing* (www.tonicarminesalerno.com).

DANS LA MÊME COLLECTION :

Oracle d'Isis, Alana Fairchild, Éditions Véga.

Oracle de Gaïa, Toni Carmine Salerno, Éditions Véga.

Oracle du messager, Ravynne Phelan, Éditions Véga.

Rêver de votre animal totem, Scott Alexander King, Éditions Véga.

Oracle des anges, déesses et dieux, Toni Carmine Salerno, Éditions Contre-dires.

Oracle du chemin pavé d'or, Toni Carmine Salerno, Éditions Contre-dires.

Oracle des cristaux : Conseils depuis le coeur de la Terre, Toni Carmine Salerno, Éditions Contre-dires.

Oracle de l'archange Michaël : L'ange bleu, Toni Carmine Salerno, Éditions Contre-dires.

Demandez à votre ange : Cartes Oracle, Dictionnaire angélique, guide d'accompagnement, Carisa Mellado, Éditions Contre-dires.

Oracle des Métamorphes, Lucy Cavendish, Éditions Exergue.

Oracle des Fées, Lucy Cavendish, Éditions Exergue.

Oracle des êtres d'Ombre et de Lumière, Lucy Cavendish, Éditions Exergue.

Oracle de Kuan Yin, Alana Fairchild, Éditions Exergue.